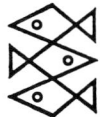

Über dieses Buch Mit der Entdeckung neuer Erdteile wurden zugleich bis dahin unbekannte Pflanzen gefunden. Der Schwede Carl Linné stellte 1735 einen Katalog aller bis dahin bekanntgewordenen Pflanzen zusammen; fast 50 Jahre später versucht Johann Wolfgang Goethe in Italien der Pflanzenbildung auf die Spur zu kommen. – Berühmte Maler schufen erste natürliche Blumenbilder (hier besonders Albrecht Dürer, Matthias Grünewald). Das vorliegende Buch, ausgestattet mit farbigen und schwarzweißen Fotos sowie vielen Zeichnungen, zeigt nicht nur uns allen bekannte Pflanzen und ihre Blüten, sondern gerade auch vielfach leicht übersehene und fast vergessene. Es bietet Hilfe, die Erscheinungsformen der Pflanzen zu erkennen, zu verstehen, ohne daß wissenschaftliche Kenntnisse vorausgesetzt werden. Wie nebenbei werden die Erläuterungen unter Gesichtspunkte der Geisteswissenschaft Rudolf Steiners gestellt.

Über die Autoren Wolfgang Schad, 1935 in Biberach/Riß geboren, Studium der Biologie, Chemie und Physik in Marburg und München sowie Pädagogik an der Pädagogischen Hochschule in Göttingen. Seit 1975 Dozent am Lehrerseminar und Leiter der Pädagogischen Forschungsstelle des Bundes der Freien Waldorfschulen und des Freien Hochschulkollegs. Wichtige Veröffentlichungen: »Die Vorgeburtlichkeit des Menschen« (1982) und Herausgeber der Reihe »Goetheanistische Naturwissenschaft« mit bisher vier Bänden (1982 bis 1985).
Ekkehard Schweppenhäuser, 1932 in Rendsburg/Schleswig-Holstein geboren, studierte Biologie, Geologie und Kunst. Tätigkeit in heilpädagogischen Heimen.

Wolfgang Schad
Ekkehard Schweppenhäuser

Blütenspaziergänge

Übungen im
Naturbetrachten

Fischer Taschenbuch Verlag

Perspektiven der Anthroposophie

Herausgegeben von
Johannes M. Mayer und Wolfgang Niehaus

Völlig überarbeitete und ergänzte Ausgabe
Veröffentlicht im Fischer Taschenbuch Verlag GmbH
Frankfurt am Main, April 1986

Lizenzausgabe mit freundlicher Genehmigung
des Philosophisch-Anthroposophischen Verlags, Dornach / Schweiz
© 1975 Philosophisch-Anthroposophischer Verlag, Dornach / Schweiz
Gesamtherstellung: Clausen & Bosse, Leck
Printed in Germany
1480-ISBN-3-596-25554-6

Inhalt

Vorwort

Pflanzenanschauen als therapeutische Hilfe chronisch Kranker: Der Austausch darüber führte die Verfasser zu diesem Büchlein zusammen. Es kann dazu dienen, doch ist sein Anliegen allgemeiner. Es möchte etwas von den geheimen Beziehungen aufleuchten lassen, die zwischen der blütenübersäten Pflanzenwelt und jedem Menschen beginnen, wenn er nicht mehr umhin kann, immer wieder vor ihr stehen zu bleiben, angerührt zu werden, zu rätseln, zu ahnen und von den Antworten ebenso berührt zu werden, um auch sie wieder zu neuen Fragen zu machen. Wer sich als Laie fühlt, hat den Vorteil der Unmittelbarkeit. Wer Fachmann ist, wird sich, umgeben von der Fülle der Erscheinungen und Rätsel der Blütengestaltungen gegenüber der Natur immer als Laie fühlen. Was in seinen Kreisen unter der Münze »Pseudanthien« = »Scheinblüten« gehandelt wird, es hat noch immer seinen wissenschaftlichen Reiz für die Homologieforschung. Aber auch ohne diesen Aufwand sind die Blütenabwandlungen, die uns auf jedem Spaziergang begegnen, ein *offenbares Geheimnis* – so offenbar oder verschleiert, wie wir selbst gerade sind.

Nichts interessiert den Menschen heute mehr als der Mensch. Er kann ihn auch durch die Pflanzenwelt kennenlernen, scheinbar entfernter, abbildhafter, aber dadurch auch urbildhafter, uneigennütziger. Denn alles Lebendige, das wir mit Augen sehen, gibt – sichtbar – zugleich schon Antworten auf die Fragen, die es uns stellt, wenn wir nur die »Buchstaben« zur »Wortbedeutung« zusammenbringen. – Wer dazu Entdeckerfreuden sucht, dem ist das Büchlein gewidmet.

Stuttgart, im Oktober 1985   Wolfgang Schad

Abb. 1: Spitzwegerich, Eisenkraut und Breitwegerich mit dem Wappen des Auf-traggebers, des Abtes Guido Guersi (Isenheimer Altar, um 1510, jetzt Colmar).

Historische Wege zum Blütenverständnis

Ein kunstvoller, farbiger und duftender Teppich, ein lebendiges Kleid, das sich fortwährend erschafft und wieder vergeht, das ist die Pflanzendecke unserer Erde. Wir Menschen hängen in unserer physischen Existenz vollkommen von ihr ab. Die für uns notwendige Nahrung gäbe es ohne sie nicht. Jedoch nicht nur leiblich, auch seelisch nähren wir uns von ihr. In seiner Vielgestaltigkeit erfrischt und stärkt der grüne Wuchs mit beruhigender Zurückhaltung unser Empfindungsleben. Machen wir einen Moment ernst mit der Vorstellung, es gäbe ihn nicht, völlig trostlos würde uns unser Lebensraum erscheinen.

Den Höhepunkt in der Pflanzenwelt erleben wir in den Blüten. Von ihren Gestalten soll im folgenden vor allem die Rede sein. Was uns an ihnen so unmittelbar ergreift, begreifen wir von uns aus nicht ebenso leicht. Das aber erfreut den Betrachtenden und Sinnenden auf seinen Blütenspaziergängen, daß er just so viel Rätselvolles vorfindet, wie er fragen kann. Was haben schon andere vor uns gefragt und gefunden? Davon handelt die Einleitung. Den Hauptteil dieses Buches werden die Pflanzenbeobachtungen ausmachen. Als Abschluß sei versucht, unsere Erfahrungen an der Sinneswelt in die anthroposophische Betrachtung der übersinnlichen Gegebenheiten überzuführen.

Aus dem traumhaften, diffusen Naturerleben der im schönsten Sinne noch kindhaften Menschheit der Antike und des Mittelalters gliederte sich nach dem Anbruch der Neuzeit im Wahrnehmungsfeld der Menschen immer mehr die einzelne Pflanze heraus. Auf dem Isenheimer Altar von Grünewald entdecken wir zu Füßen der beiden im Gespräch vertieften Eremiten, des Paulus und Antonius in der Einöde, eine Reihe damals verwendeter Heilkräuter, nahezu naturgetreu einzeln nebeneinander gemalt (Abb. 1). Unter dem Eremiten Antonius: Spitzwegerich (Plantago lanceolata) – Eisenkraut (Verbena officinalis) – Breitwegerich (Plantago major). Unter dem Eremiten Paulus: Weiße Taubnessel (Lamium album) – Weißklee (Trifolium repens) – Klatschmohn (Papaver rhoeas) – Kreuz-Enzian (Gentiana cruciata) – Dinkel-Weizen (Triticum spelta) – Gamander-Ehrenpreis (Veronica chamaedrys) – Knolliger Hahnenfuß (Ranunculus bulbosus) – Braunes Zypergras (Cyperus fuscus) – Schwalbenwurz (Cynanchum vincetoxicum) – Quecke (Agropyron repens) – Wasser-

Braunwurz (Scrophularia aquatica). Diese vierzehn Pflanzen dienten als Heilmittel gegen viele Seuchen des ausgehenden Mittelalters, z. B. gegen das »Antoniusfeuer«, eine Vergiftung durch den Mutterkornpilz im Brot (Kühn). Man begann jetzt, die äußeren Augen dafür zu öffnen.

Dürer schuf um die gleiche Zeit die unübertrefflich erscheinenden Miniaturen der Akelei, des Schöllkrautes, der Schwertlilie etc. Besonders merkwürdig ist eine Zeichnung von drei Pfingstrosen (siehe Seite 21). Sie wenden sich nicht, wie sonst die dargestellten Blumen, dem Betrachter zu, sondern kehren sich zumeist nach hinten von ihm ab. Warum? Was deutlich zur Schau gestellt wird, ist die mehr von der Rückseite sichtbare stufenweise Abwandlung der Blattformen. Hier ging Dürer der Verwandlung nach, die sich von den stark gefiederten Laubblättern über die weniger gefiederten Hochblätter zu den Kelch- und Blütenblättern vollzieht. Alle Übergangsstufen sind zu sehen. Hätte es damals schon gefüllte Pfingstrosen gegeben, so hätte Dürer vielleicht auch noch die Übergangsformen zu den Staubgefäßblättern gemalt. Er ist einer der ersten, die in den Blütenblättern der Blumen deren abgewandelte Laubblätter wiedererkannten.

Die Entdeckung neuer Erdteile brachte unzählige, überraschende Pflanzengebilde zum Vorschein und – gemalt, gepreßt oder lebendig – nach Europa. Man vermeinte bald geradezu in der Formenüberfülle zu ertrinken. Carl Linné war es, der im 18. Jahrhundert dann einen Katalog aller bekannt gewordenen Pflanzen und Tiere zusammenstellte (Systema naturae 1735) und so Übersichtlichkeit und Ordnung in die Kenntnis und Namengebung brachte. Man tut dem großen Schweden allerdings unrecht, ihn nur als Analytiker und »Numerierer« zu kennzeichnen. Er war nicht nur ein begeisterter, sondern auch ein begeisternder Naturforscher. Wenn er von Uppsala zu Pflanzenwanderungen auszog, nahm ein Drittel der gesamten Hörerschaft der Universität – quer durch alle Fakultäten – daran teil, »so anregend, originell, humoristisch, persönlich und lebendig waren seine Vorträge« (Mändl). Er konnte nicht umhin, die Blütenbildung der Pflanzen mit der Entwicklung der Schmetterlinge unter den Insekten unmittelbar zu vergleichen. Wie aus der vegetativ sich nährenden Raupe durch die Puppenruhe der Schmetterling sich entwickelt, so entstehen nach der Laubblattbildung aus der erst noch verschlossenen Knospe die Blütenkronblätter. Von dieser Lebensähnlichkeit war Linné so berührt, daß er als erster den Ausdruck »Metamorphose« (Umformung), bisher nur für die Insektenverwandlung gebraucht, für die Blütenbildung übernahm (Metamorphosis plantarum 1755). Auch findet sich im gleichen Werk schon in Andeutungen die Erkenntnis, daß die Blütenorgane aus den gleichen Anlagen hervorgehen wie die Laubblätter:

»Die vegetativen Knospen der Laubsprosse und die Blüten sind ihrem Wesen, Ursprung oder Prinzip nach identisch, weil die Blätter, welche sie zusammensetzen, identisch sind. Die Knospe nämlich besteht aus unentwickelten Anlagen (Rudimenten) der Blätter, d. h. der Laubblätter.«

Gut dreißig Jahre später ist es am anderen Ende Europas Goethe, der auf seiner italienischen Reise der Pflanzenbildung auf die Spur zu kommen trachtet. Schon vorweg hatte er die Werke Linnés studiert und gesteht, »daß nach Shakespeare und Spinoza auf mich die größte Wirkung von Linné ausgegangen« (1817). Die neuartige Flora regt ihn nun besonders an. So schreibt er, kaum in Italien angekommen, von seinem Besuch des Botanischen Gartens in Padua: »Es ist erfreuend und belebend, unter einer Vegetation herumzugehen, die uns fremd ist. Bei gewohnten Pflanzen, sowie bei anderen längst bekannten Gegenständen denken wir zuletzt gar nichts; und was ist Beschauen ohne Denken? Hier in dieser neu mir entgegentretenden Mannigfaltigkeit wird jener Gedanke immer lebendiger, daß man sich alle Pflanzengestalten vielleicht aus einer entwickeln könne. Hierdurch würde es allein möglich werden, Geschlechter und Arten wahrhaftig zu bestimmen, welches, wie mich dünkt, bisher sehr willkürlich geschieht. Auf diesem Punkt bin ich mit meiner botanischen Philosophie stecken geblieben, und ich sehe noch nicht, wie ich mich entwirren will. Die Tiefe und Breite dieses Geschäfts scheint mir völlig gleich« (September 1786).

Ein halbes Jahr später ist er im Frühling auf Sizilien. Hier am Südende Europas, anders als vorher Linné auf seiner Lapplandreise, überfällt ihn regelrecht die Einsicht in das Ähnliche und Gemeinsame aller höheren Pflanzen. In Palermo geht er in den Öffentlichen Garten, um in Ruhe an der damals geplanten »Nausikaa« zu dichten. Aber das Dichten will ihm an diesem Morgen des 17. April 1787 nicht gelingen, ja aus diesem Werkentwurf ist nie etwas geworden. Gegen den eigenen Willen bleibt ihm nichts anderes übrig, als den Pflanzen um sich her sich zuzuwenden:

»Es ist ein wahres Unglück, wenn man von vielerlei Geistern verfolgt und versucht wird! Heute früh ging ich mit dem festen ruhigen Vorsatz, meine dichterischen Träume fortzusetzen, nach dem Öffentlichen Garten, allein, ehe ich mich's versah, erhaschte mich ein anderes Gespenst, das mir schon dieser Tage nachgeschlichen. Die vielen Pflanzen, die ich sonst nur in Kübeln und Töpfen, ja die größte Zeit des Jahres nur hinter Glasfenstern zu sehen gewohnt war, stehen hier froh und frisch unter freiem Himmel und, indem sie ihre Bestimmung vollkommen erfüllen, werden sie uns deutlicher. Im Angesicht so vielerlei neuen und erneuten Gebildes fiel mir die alte Grille wieder ein: ob ich nicht unter dieser Schar die Urpflanze entdecken könnte? Eine solche muß es denn doch geben! Woran würde ich sonst erkennen, daß dieses oder jenes Gebilde eine Pflanze sei, wenn sie nicht alle nach einem Muster gebildet wären?... Ich bemühte mich zu untersuchen, worin denn die vielen abweichenden Gestalten voneinander unterschieden seien. Und ich fand sie immer mehr ähnlich als verschieden.«

Im Sommer zurück in Rom, wird ihm erst ganz klar, daß er in Palermo gefunden hat, was er suchte. So schreibt er nach Deutschland: »Sage Herdern, daß ich dem Geheimnis der Pflanzenzeugung und -organisation ganz nah bin und daß es das Einfachste ist, was nur gedacht werden kann. Unter diesem Himmel kann man die schönsten Beobachtungen machen. Sage ihm, daß ich den Hauptpunkt, wo der Keim steckt, ganz klar und zweifellos entdeckt habe; daß ich alles übrige auch schon im ganzen übersehe und nur noch einige Punkte bestimmter werden müssen.

Die Urpflanze wird das wunderlichste Geschöpf von der Welt, über welches mich die Natur selbst beneiden soll. Mit diesem Modell und dem Schlüssel dazu kann man alsdann noch Pflanzen ins Unendliche erfinden, die konsequent sein müssen, das heißt: die, wenn sie auch nicht existieren, doch existieren könnten und nicht etwa malerische und dichterische Schatten und Scheine sind, sondern eine innerliche Wahrheit und Notwendigkeit haben. Dasselbe Gesetz wird sich auf alles übrige Lebendige anwenden lassen« (an Frau von Stein, 8. Juni 1787).

Und der alte Goethe schildert im Rückblick: »In den Tagebüchern meiner italienischen Reise, an welchen jetzt gedruckt wird, werden Sie, nicht ohne Lächeln, bemerken, auf welchen seltsamen Wegen ich der vegetativen Umwandlung nachgegangen bin; ich suchte damals die Urpflanze, bewußtlos, daß ich die Idee, den Begriff suchte, wonach wir sie uns ausbilden könnten« (Brief an den Botaniker Nees von Esenbeck, 1816).

Das allen höheren Pflanzen Gemeinsame hatte er bald nach seiner Rückkehr aus Italien in seiner kleinen Schrift »Versuch, die Metamorphose der Pflanze zu erklären« ins Detail zu beschreiben unternommen. Die Metamorphose der Blattorgane, die er ja schon von Linné und anderen sehen gelernt hatte, ist nun ihm als ein rhythmisch geordneter Gesamtvorgang deutlich geworden. Nach den kleinen, einfach geformten Keimblättern werden die Laubblätter erst einmal größer und größer, wobei sie stufenweise ihre Form mehr oder weniger ausdifferenzieren. Zur Blütennähe hingegen verkleinern sie sich nun wiederum immer, bis sie Kelchblätter geworden sind. Erneut setzt mit den farbigen Blättern der Blütenkronen eine Blattausdehnung ein, die sich anschließend jedoch in die schmalen Staubblätter zusammenzieht. In den sich einrollenden Fruchtblättern, die zur Frucht anschwellen und der gleichzeitigen Konzentration in die bleibenden Samen, vollzieht sich eine dritte »Aus- und

Einatmung« der Pflanzenorganbildungen. In der dreifachen Ausdehnung und Zusammenziehung in jedesmal bemerkenswert anderer Weise erkannte Goethe den umfassenden Lebensvorgang aller Blütenpflanzen.

Metamorphose, Entwicklung, Evolution wird die große Idee des 19. Jahrhunderts, und sie greift bald über von der Betrachtung der einzelnen Lebewesen auf die Zusammenhänge aller Organismen untereinander. In Buffon, Herder, Goethe, Oken bis Saint-Hilaire, Lamarck, dem alten Erasmus Darwin und Lyell, um nur einige Namen zu nennen, haben wir die ersten Evolutionisten vor uns, die die Reihe der Lebewesen als Anzeichen ihrer Verwandtschaft und Entwicklung sahen. Die Suche nach der natürlichen Schöpfungsgeschichte spitzte sich dabei mehr und mehr zu der bloßen Alternative zu, ob die Verursachung aller organischen Entwicklung autonom in ihr selbst läge oder von der Umwelt außengesteuert verliefe.

Der Enkel des alten Darwin, nämlich Charles Robert Darwin, war es dann, der die letztere Lösung in seinem epochemachenden Werk 1859 anbot. Er führte alle Entwicklung der Pflanzen- und Tierarten auf die reiche Überproduktion an Nachkommen, auf deren leichte Variabilität und auf das rasche Aussterben aller weniger tauglichen Formen durch die Umweltverhältnisse zurück. Die augenfällige Lebensfähigkeit eines Organismus und seine gute Eingliederung in seinen Lebensraum ist also danach nur ein Restphänomen, automatisch übriggeblieben nach der natürlichen Ausrottung (natural selection) der Lebensunfähigeren.

Der Botaniker Hermann Müller, Lehrer an der Realschule in Lippstadt, wandte 1873 diese Selektionslehre auf die Blütenausbildung an: Pflanzen, die es einmal zufällig zu farbigen Blütenblättern gebracht hatten, wurden besser von den Insekten wahrgenommen, besucht und bestäubt und pflanzten sich so gesicherter fort, so daß sie die Oberhand gewannen. Die blütenfarbenärmeren windbestäubten Pflanzen (Gräser, viele Bäume) müssen durch Massenproduktion von Blütenstaub ihren Nachteil ausgleichen. Die Blütenkrone ist somit der von der Naturauslese über das farbtüchtige Insektenauge herangezüchtete »Schauapparat«.

Daß sich oft viele kleine, unscheinbare Blüten zu auffälligeren Blütengruppen zusammenschließen, deutete er auf die gleiche Weise als ein Resultat des dadurch begünstigten Insektenbesuches. Solche wie eine einzige Blüte aussehenden Blütenstände nennt man Pseudanthien = Scheinblüten. Wir werden sie näher kennenlernen.

Viele Blütengestalten lassen sich so wie unzählige andere zweckdienliche Lebenserscheinungen als automatisch zweckmäßig im Sinne des jüngeren Darwin deuten. Allerdings nur dann völlig, wenn man diesen Ansatz nicht weiter hinterfragt. So kann man ja auch umgekehrt deuten, daß durch die farbigen Blüten den Pollen und Honig fressenden Insekten automatisch das Farbensehen angezüchtet wurde. Waren erst die farbigen Blumen oder erst die farbtüchtigen Insekten da? Die Versteinerungskunde zeigt, daß in den Ablagerungen der Kreidezeit beide zugleich miteinander auftraten. So reduziert sich das Gesamtproblem auf die alte Lebensfrage, ob am Anfang das Ei oder die Henne gestanden habe. Die bloße, eindimensionale Kausalerklärung erfaßt eben nicht, daß alle Lebensvorgänge zeitlich nicht linear ablaufen, sondern immer zyklisch. Im Lebenszyklus sind jeder Teil und jede Phase räumlich und zeitlich voneinander abhängig, was ja heute die kybernetische Biologie als die Rückbindung innerhalb von Kreisprozessen zu beschreiben versucht. Das Wesentliche der kybernetischen Modelle besteht darin, diese vielseitige Abhängigkeit der Teilvorgänge im Leben, welche zusammen eine Ganzheit bilden, modellmäßig zu imitieren. Wie jedem Modell haftet aber auch diesem die begrenzte Deckung mit der lebendigen Wirklichkeit an, sonst könnten wir Leben künstlich produzieren.

Das integrative, organisierende Vermögen der lebendigen Pflanze bezeichnete Wilhelm Troll 1928 in Anlehnung an Goethe einfach als die Idee der Pflanze. Damit meint er nicht in erster Linie menschliche Ideen, sondern jenes Vermögen in jeder Pflanze, das sie selbst wachsen läßt und durchorganisiert. An ihm können wir sekundär im eigenen Bewußtsein eben in Ideenform teilhaben. Wir nennen ja gerade auch die gleiche Erscheinung im eigenen Bewußtsein, einzelne Vorstellungsinhalte in ihrem durchschaubaren Zusammenhang zu erfassen, das Vermögen der Idee. Hat sie objektiven Erkenntniswert, so gehört sie zum Beispiel einer Pflanze auch ohne mein Bewußtsein an. Den Ideeninhalt spricht Troll der Pflanze als Ganzes und der Blüte im besonderen zu. Eine Fülle bemerkenswerter Blütenformen konnte Troll so von ganzheitlichen Gesichtspunkten aus erfassen.

Wieder von einer anderen Seite ist Adolf Portmann diesen Problemen in der neueren Biologie nachgegangen. Er anerkennt in den Erscheinungsformen der Lebewesen sowohl die selektive Rolle der existenzsichernden Merkmale als auch die, darwinistisch gesehen, funktionslosen Merkmale:

»Wir sind umgeben von unadressierten Erscheinungen, die sich weder an das Auge eines Artgenossen noch an das Sehen eines Geschlechtspartners wenden, die sich auch nicht vor einem feindlichen Auge tarnen. Sie stellen vor allem das besondere Wesen eines Tieres oder einer Pflanzenart in der Erscheinung dar. Die Blätterfülle der grünen Vegetation ist von dieser Art – optisch fast ausschließlich zur bescheidenen Rolle eines ›Hintergrundes‹ gebraucht, erfüllt sie in tausend Formen die gleiche lebenserhaltende Rolle als chemische Arbeiterin im Dienste des Lebens. Und wenn auch manches in der Blattstruktur dieser Leistung dient – wie vieles andere in der Blattgliederung, in der Gestaltung der Umrisse, ist nicht Anpassung, sondern Glied der Selbstdarstellung eines pflanzlichen Wesens.

Sind wir einmal so weit, daß wir diese unadressierten Erscheinungen zu beachten anfangen, dann zeigen sie sich auch da, wo wir noch vor kurzem überzeugt waren, es mit eng umgrenzten Zweckgestalten zu tun zu haben« (1960).

»Wir sind uns alle darüber einig, und die Forschung hat es über jeden Zweifel nachgewiesen, daß die Blütenpracht vor allem zur Wirkung auf das Auge von bestäubenden Insekten und Vögeln bestimmt ist. Wenn wir aber durch Versuche mit künstlichen Blütenmodellen die Blütenbesucher prüfen, so stellen wir fest, daß wohl manche der Blütenmerkmale notwendig sind zur Anlockung der Bestäuber und für den Ablauf des Bestäubungsaktes, daß aber gar vieles an der Blüte in funktioneller Hinsicht belanglos ist...

Wenn einmal die Aufmerksamkeit auf diese Selbstdarstellung gerichtet ist, so zeigt das vertiefte Studium der lebendigen Formen einen unabsehbaren Reichtum solcher Gestalelemente und führt schließlich zu einer eigentlichen Umwertung der Werte. Was bisher als funktionslos oder als bloß systematisch (= verwandtschaftsbezogen) ganz am Rande der Beachtung stand, wird mit einem Male ein zentrales Phänomen« (1970).

Damit ist der heute Forschende wieder auf einer neuen Stufe offen für alle Aspekte: für die, welche die Außenbedingtheit des Organismus ausmachen, und ebenso für diejenigen, welche wir als seine autonome Selbstgestaltung vorfinden. Wie beides miteinander auskommt, das ist nicht nur die eigentliche Rätselfrage, sondern geradezu das Bezeichnende alles Lebendigen. Und damit muß das Rätsel zugleich auch seine eigene Lösung sein. Indem eine Pflanze wurzelt, wächst, blüht und fruchtet, löst sie fortwährend vor uns dieses Rätsel – zwar sprachlos, aber anschaubar und damit lesbar.

Gerbert Grohmann war uns darin das anregende Vorbild. In seinen »Metamorphosen im Pflanzenreich« schreibt er eingangs: »Ich war oft überrascht, welches Entzücken es bereiten kann, eine, wenn auch vielleicht ganz einfache Entwicklungstatsache selbst zu entdecken, wogegen das Verständnis für große, viele Einzelerscheinungen umspannende Zusammenhänge gerade deshalb nicht möglich war, weil die unmittelbare Anschauung und das liebevolle Einzelstudium nicht vorangegangen waren.«

Pflanzenbegegnungen

Kohl-Gänsedistel
Sonchus oleraceus

Beginnen wir mit der Betrachtung einer recht unscheinbaren Pflanze. Überall wächst sie im Sommerhalbjahr an Straßenrändern, auf Gartenbeeten und Schuttstellen: die Kohl-Gänsedistel, unsere häufigste Gänsedistel (Abb. 2). Jedes Frühjahr entwickelt sie sich erneut aus Samen und wächst rasch – meist nicht mehr als einen halben Meter – in die Höhe, ohne zu verholzen. Der mastige und doch zerbrechlich hohle Stengel trägt dunkelglänzende, breitzugespitzte Blätter, von nur zarten Disteldornen umsäumt. Aus den oberen Blättern, die mit ihrem breiten Grund noch vorerst eine schützende Hülle bilden, strecken sich dann die kleinen Blütenköpfchen mit ihrer blaßgelben Farbe hervor. Die Früchte entfliegen mit kleinen Fallschirmen, ähnlich denen des Löwenzahns.

Was haben wir nun beobachtet? Ein ganz gewöhnliches Kraut, das wie jedes andere Wurzeln, Stengel, Blätter, Blüten und Früchte hat. Aber: Gänsedistelblatt ist nicht einfach Gänsedistelblatt. Ein jedes ist nämlich anders gestaltet als das vorhergehende. Zuerst sind es kleine einfache Spreiten, die bald an Stiellänge gewinnen. Dann lappt sich das Blatt von der unteren Blattspreite her auf. Die Lappen vermehren sich und zipfeln sich spitzer aus. Sodann beginnt auch der Blattstiel sich unten zu verbreitern. Zugleich aber bildet sich nun die obere Blattspreite wieder zurück. Einfache, an den Stengel gleichsam heranrutschende Zipfel sind der letzte Rest dieser Abfolge. Hinein in den Raum und wieder zurück aus der Umgebung vollzieht sich die Blattausgestaltung. Ein erster Entwicklungszyklus schließt sich. Seine abwechslungsreiche Geschlossenheit kommt gut zum Ausdruck, wenn man die Blattformen im Kreis anordnet (Abb. 3b). Aber nur räumlich schließt sich dieser Kreis. Schon das erste Blatt zeigt, daß es sich mit seinem Blattstielchen in den Umgebungsraum hinausstreckt. Das letzte Blättchen schmiegt sich dagegen an den Sproßstiel eng an und vergeht gleichsam in ihm. Die letzte Gestalt kann nicht ohne weiteres in die erste Bildung übergeführt werden. Hier beginnt ein Durchgang zu neuen Ufern, den wir an der nächsten Pflanze betrachten wollen.

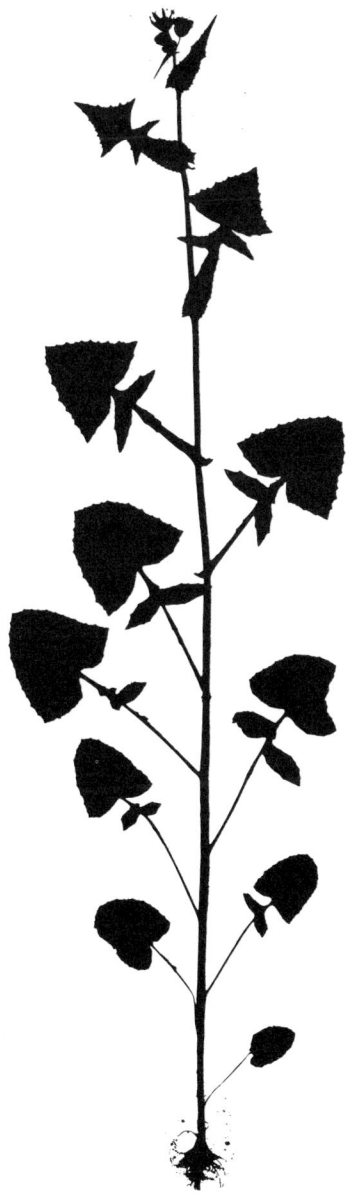

Abb. 2: Die Kohl-Gänsedistel, hier in einem zarten, im Schatten gewachsenen Exemplar.

Abb. 3a: Die Laubblattabfolge der Kohl-Gänsedistel, von einem kräftigen Exemplar.

Abb. 3b: In Kreisform angeordnet zeigen die Blätter übersichtlich ihre Bildungsabwandlung.

Pfingstrose
Paeonia officinalis

Es hilft uns nun jene Dürerstudie weiter, die schon in der Einleitung erwähnt wurde. Die drei Blütenstengel tragen keineswegs prächtig entfaltete Blüten. Sie scheinen vielmehr zu welken. Zwei wenden sich sogar vom Beschauer ab und zeigen nur die Rückseite. Von den bekannteren Pflanzenstudien des Künstlers wie der Akelei oder den Schwertlilien sind wir das nicht gewohnt. Hier ging es ihm offensichtlich um etwas anderes. So sind nämlich die verschiedenartigen Blattformen im Übergang zur Blüte zu sehen. Stufenweise sind die Zwischenstadien vom großen grünen, durchgefiederten Laubblatt vorne rechts über die kleiner werdenden Hochblätter bis zum ungefiederten Kelch- und Blütenblatt zu finden. Zeichnen wir diese Phasen heraus, so ergibt sich eine dramatische Verwandlungsfolge (Abb. 4). Indem schrittweise die Fiederung der Laubblätter zurückgezogen wird, dehnt sich der Blattgrund aus, wird Kelchhülle, säumt sich farbig und weitet sich zum farbenglühenden Kronblatt: ein umgewandelter Blattgrund der Laubblätter!

Abb. 4: Abfolge der Pfingstrosenblätter, aus der Dürer-Studie entnommen.

Abb. 5: Pfingstrosenstudie von Albrecht Dürer (um 1505, Kunsthalle Bremen).

Weiße Seerose
Nymphaea alba

Dürer kannte noch nicht die durch die Gärtnerkunst späterer Jahrhunderte gefüllten Pfingstrosen. Sie bringen ja im Blüteninneren zahlreiche Übergangsformen von den Kron- zu den Staubblättern hervor. Wir finden Ähnliches aber auch bei einer heimischen Wildpflanze, der weißen Seerose. Diese Pflanze, die im grünen Blattbereich keine jährlichen Blattabwandlungen kennt, vermag sie in fast unzähligen kleinen Schritten in der Blütenkrone zu zeigen. Ihr wäßrig-phlegmatisches Wesen hat genügend Zeit und Aufwand dafür übrig, wo die meisten anderen Pflanzen oft in einem Sprung am Ziel sind. So können wir uns hier genauer ansehen, wie die Seerose diesen Vorgang im einzelnen sichtbar macht. Nicht vom Blattgrund her wie bei der Bildung der Pfingstrosenkrone, sondern am oberen Ende der schwanenweißen Blütenblätter beginnt hier die Metamorphose zu den Staubblättern. Immer schmaler und kleiner wird die Blattform, die stufenweise an den gelbwerdenden Säumen die Staubbeutel entwickelt.

Abb. 6: Die Weiße Seerose blüht von Juni bis September.

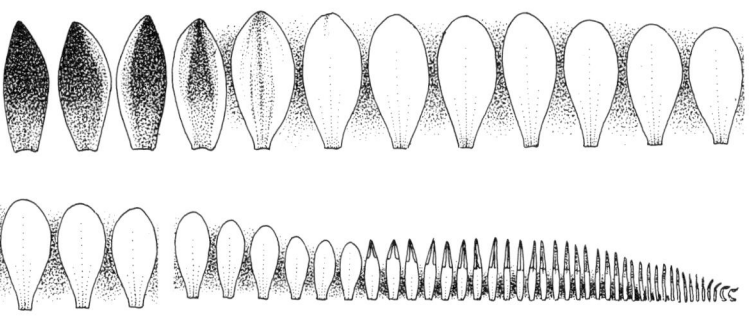

Abb. 7: Die Blattfolge der Kelch-, Kron- und Staubblätter einer Seerosenblüte. In der Mitte der gesamten Reihe sind mehrere Kronblätter weggelassen, sonst vollständig.

Magnolie
Magnolia tripetala

Aus Ostasien und Amerika nach Europa verpflanzt, stehen die großblütigen Magnolienbäume in unseren Vorgärten, um mit Narzissen und Forsythien zusammen bei der ersten Frühlingswärme um Ostern herum ihre

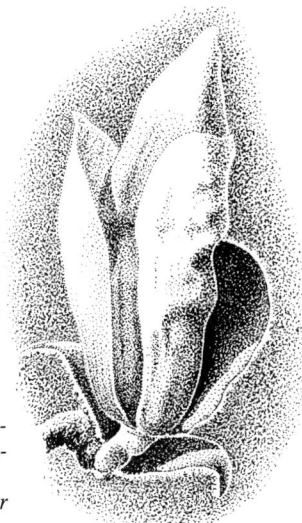

Abb. 8: Die Blüte der Magnolia tripetala aus dem südöstlichen Nordamerika.
Die porzellanweißen Kronblätter sind rötlich überhaucht.

23

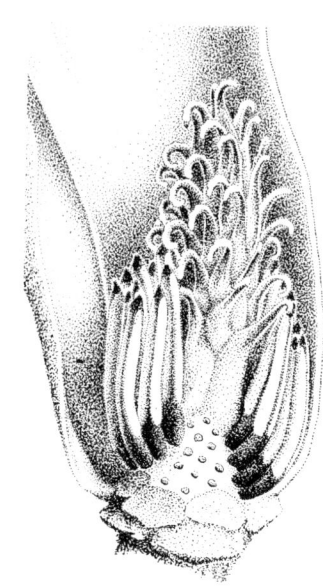

Abb. 9: Seitlich geöffnete Blüte der gleichen Magnolie. An der urtümlich gestreckten Blütenachse stehen in engen Spiralen die rötlichen Staubblätter, darüber in lockeren Spiralen die grünlich-weißen Fruchtblätter mit zurückgeschlagenen Narben.

keusche Pracht zu entfalten. Schneeweiße, von außen rosa behauchte übergroße Tulpenblüten scheinen es beim ersten Anblick zu sein. Und das sogar noch auf einem Baum! Er ist ein Überbleibsel aus der Flora einer früheren Erdgeschichtszeit, des lebensüberquellenden Tertiärs, und zeigt auch noch in seinem Blütenbau urtümliche Verhältnisse. Alle Blütenorgane sind nicht kreisförmig, sondern noch in engen Spiralen angeordnet, die um die keineswegs gestauchte, sondern langgestreckte Blütenachse herumlaufen. Zuunterst sitzen die grünlichen Kelchblätter, dann folgen die wäßrig-weißen Kronblätter, noch höher im Inneren sitzen die Staubblätter, die ihrerseits wieder von den besonders zahlreichen Fruchtblättern überstiegen werden. Alle Blütenorgane stellen sich hier deutlich als Bildungen und Umbildungen des wichtigsten Pflanzenorganes, des Blattes dar, in dessen Gestaltungsstufen die Wandlungsfähigkeit seines Bildevermögens sichtbar geworden ist.

Zweiblättriger Blaustern
Scilla bifolia

Das reine Urbild einer vollkommenen Blüte stellt der Blaustern vor uns hin. Wir finden ihn am Rande feuchter Buchenwälder Süddeutschlands und auch in Südeuropa. Die Blütenhüllblätter sind als sechs blaufarbene Kronblätter ausgeprägt. Die drei äußeren neigen sich schwach nach innen und zeigen eine kelchartige Gebärde, die drei inneren öffnen sich stärker nach oben. Der nächstinnere Blattkranz hat sich zu wiederum zwei mal drei gleich sechs Staubfäden zusammengezogen, die am oberen Ende die Blütenstaubbeutel entwickelt haben. Zuinnerst, am Sproßende, steht der Fruchtknoten; er ist auch aus zusammengewachsenen Blättern entstanden, die, hier in Dreizahl vorhanden, drei innere Samenkammern umschließen.

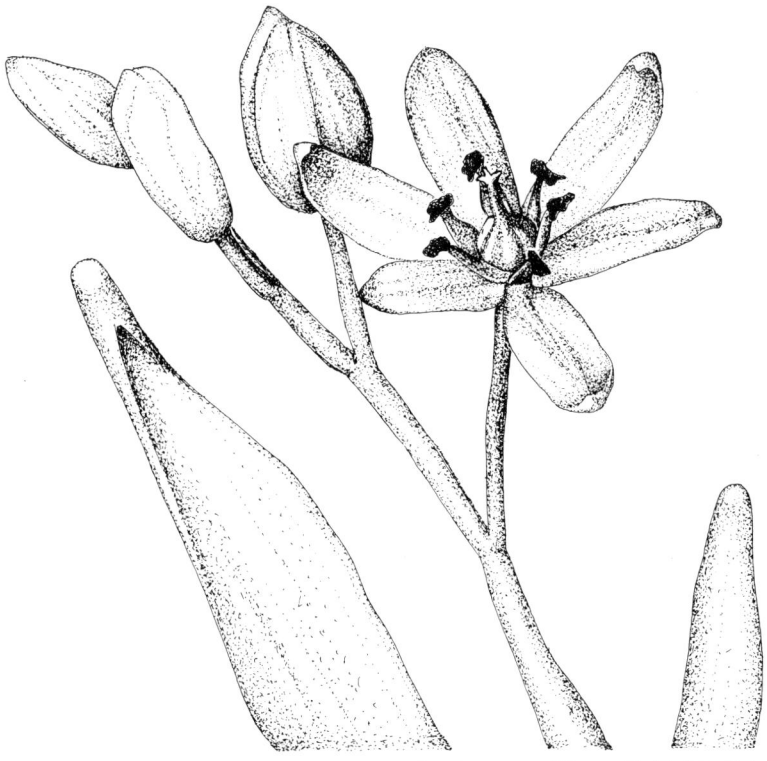

Abb. 10: Der Blaustern öffnet vollendete Einzelblüten (Scilla bifolia).

25

Das Ewig-sich-Wandelnde der aufwachsenden Pflanze, es ordnet sich in dieser Blüte zur geometrischen Figur, von gemeinsamer Zahlengesetzmäßigkeit durchdrungen. Nicht als ob die Pflanze zählen könnte oder gar wollte. Denn ihr Wachstum formt sich hier in der Blüte, wo es sein vegetatives, grünes Dasein – der Zeit nach – hinter sich und – dem Raume nach – unter sich gelassen hat, zu einer solchen Geometrie, die immer vom Lebenshauch durchzogen bleibt.

Heckenrose
Rosa canina

Zum Hochstand der Sonne, um Johanni, blüht in unnachahmlichem, weißunterlegtem Rosarot die wilde Heckenrose. Ihre meist fünffach gefiederten Blätter, jedes Fiederchen an seinem Rande von einer kräftigen Sägung rhythmisch durchgestaltet, bilden sich entlang einer unsichtbar

Abb. 11: Die wildwachsende Heckenrose blüht um die Zeit des höchsten Sonnenstandes im Juni, ein Beispiel einer fünfzähligen Einzelblüte.

aufsteigenden Spirale am Sproß. Sie stehen dabei ebenfalls nicht ungeordnet, sondern so, daß nach zwei Umgängen mit fünf Blättern (2/5-Stellung) das sechste wieder über dem Ansatz des ersten zu stehen kommt, das siebte über dem zweiten, das achte über dem dritten usw. Ein Schößling, von oben betrachtet, zeigt alle grünen Blätter in den Richtungen eines Fünfsterns ausgerichtet.

Zur Blütenbildung sammelt sich nun eine Fülle von Blattorganen in verschiedenartigster Umformung am Sproßende. Nun erst tritt die Fünfsternsymmetrie in gleichzeitiger Gemeinsamkeit in Erscheinung. Was im vegetativen Wachstum noch aus der zeitlichen Ordnung erwuchs, entzeitlicht sich, verräumlicht sich zur unmittelbar ins Auge springenden Blüten-

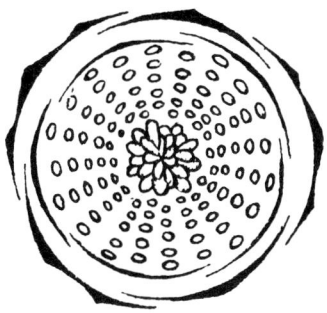

Abb. 12: Blütengrundriß der Filzrose (Rosa tomentosa). Nicht nur die Kelch- und Kronblätter sind nach der Fünfzahl geordnet, sondern auch die zahlreichen Staubblätter, die in viermal fünf Reihen stehen (nach Eichler).

geometrie. Auch die Überfülle von Staubfäden erweist sich bei näherer Untersuchung der Ansatzstellen ebenfalls nach der Fünfzahl geordnet (siehe Blütendiagramm). Unsere gefüllten Gartenrosen zeigen in zahlreichen Zwischenstufen den Bildungsweg von den Kronblättern zu den Staubfäden, so daß auch diese ihre Blattnatur nicht verleugnen können. In der Blütenmitte stehen die Narben eng zusammen und bilden ein scheibenförmiges Narbenpolster, bereit, den Pollenstaub, den die Bienen und Hummeln bringen, aufzunehmen. Im tief unter der Blüte versenkten Fruchtknoteninneren zieht sich die Rose mit der Bildung der dauerhaften, winzigen Samen am stärksten aus Zeit und Raum heraus. Sie tritt bis zur Keimung in den Ruhezustand über. Der Strauch im Winter ahmt mit allen seinen unscheinbaren Knospen, den Augen, diesen Samenzustand nach.

*Abb. 13: Auch aus sechs Blattanlagen kann der Scharfe Hahnenfuß eine fünf-
zählige Blütengestalt bilden.*

Scharfer Hahnenfuß
Ranunculus acer

Wie die Rose richten die meisten hochentwickelten Pflanzen ihre Blüten nach der Fünfzahl aus. Aber die pflanzliche Natur ist viel zu lebendig, um ihre immer beweglich-variable Gestaltungsfähigkeit in allzu starr geregelte Ordnungen einzufügen. Weder ausnahmslose Gesetze einerseits noch anarchische Regellosigkeit andererseits finden wir in der Biologie. Dazwischen lebt die Wirklichkeit. Unter unseren einheimischen Rosengewächsen gibt es so merkwürdige Ausnahmen wie den Tormentill unserer Wiesen und Wälder mit vier Blütenblättern und die Silberwurz aus der Gletscherregion der Hochgebirge mit acht Blütenblättern.

Bei den Hahnenfußgewächsen sind die meisten Blüten fünfzählig. Die Anemonen, jene früh im Jahr blühenden Hahnenfußverwandten, sind wieder als lebendige Ausnahme sechszählig. Wie geregelt diese Ausnahme ist, deuten jene zahlreichen Eigentümlichkeiten der Anemonen an, die sie mit den ebenfalls zumeist frühblütigen, sechszähligen Lilienartigen wie Schneeglöckchen, Märzenbecher, Crocus, Gelbstern, Scilla etc. verbinden: die Neigung zu Wurzelstöcken, Zwiebeln und einzähligem Keimblatt. Die Blütengeometrien sind keineswegs Familieneigenschaften, sondern greifen verschiedenartig in die verschiedenen Familien ein. Wie, das zeigt charakteristisch Abb. 13. Hier wuchsen einer Blüte des Scharfen Hahnenfußes ausnahmsweise sechs Blütenblätter.*
Das ausformende Wachstum aber erreicht trotzdem die Fünfzähligkeit: zwei Blütenblätter stellen sich genähert und bilden deutlich eine gemeinsame Blattrandkontur. Wie diese Blüte den lebendigen Konflikt zwischen dem sechsfachen Blattmaterial und der fünffachen Raumesordnung gelöst hat, macht uns erst bewußt, daß die Gestaltgebung nicht mit der Organanlage identisch ist. Sind die Einzelorgane angelegt, so tritt der ordnende, integrierende Prozeß neu hinzu. Das Material fügt sich der lebenden Ganzheit ein. An jedem Wegrand und auf jeder Wiese ist im Mai dieser dramatische Vorgang zu sehen, wenn man nur einmal darauf achtgibt.

---

* Daß der Morphologe hier von blütenblattartigen Honigblättern spricht, spielt für die zu betrachtende Zähligkeit keine Rolle.

Venuspantoffel
Paphiopedilum sukhakulii

Nicht allen Blütenpflanzen gelingt es, die sternig strahlende, farbig auf-
leuchtende Blüte ungehindert über den vegetativen Bereich zu heben.
Beide vermischen sich manchmal: Dann zieht die grüne Blattfarbe noch
in die Blütenblätter ein, dunkle Blütenfarben treten hinwiederum tupfen-
weise schon im Blatt auf. So bei dieser Orchidee aus Thailand, einem
»Frauenschuh« oder »Venuspantoffel«, wie der botanische Name besagt.
Der herabhängende »Pantoffel« ist ein halbverwachsenes, aufgeblähtes
Blütenblatt, das sich weißlich-blaßgrün gefärbt hat.

Die Staubblattanlagen verschmolzen wie bei allen Orchideen mit der
Fruchtknotennarbe. Die Kronblätter selbst ordnen sich nicht mehr stern-
strahlig an, sondern wie ein Tiergesicht seitensymmetrisch. Und so neigt

*Abb. 14: Dieser Venuspantoffel, ein nahestehender Verwandter unserer einhei-
mischen Frauenschuh-Orchidee, ist erst kürzlich in Kultur genommen worden
(Paphiopedilum sukhakulii aus Thailand).*

sich auch die Blüte schräg nach unten. Das oberste Blütenblatt ist noch rein strahlig gemustert. Die mittleren, horizontal ausschwingenden werden fleckig wie ein Raubtierfell, und das in dem Maße, wie die Streifung sich auflöst. Der »Pantoffel« ist nur noch vernetzt geädert wie ein Eingeweide. Der Konflikt zwischen Oben und Unten wird hier innerhalb einer Blüte ausgelebt. Nicht zur Schaustellung gehören zwei nach unten gerichtete Blütenblätter, von denen das eine, vom »Pantoffel« verdeckt, hier unsichtbar bleibt. Beide gehören, zusammen mit dem obersten Blütenblatt, zu dem äußeren Blütenblattkreis. Und so sind auch sie immerhin noch am jeweiligen Außenrand gestreift. Als Hintergrundblätter aber bleiben sie klein und schmal. Und doch beginnen sie sich in Pantoffelnähe anfänglich bauchig zu winden und zu verdrehen, ergriffen von der Gesamtgestalt der Blüte.

Knoblauchsrauke
Alliaria petiolata

Scheuen wir uns nicht, nach einer exotischen Orchidee uns einem »simplen Zaununkraut« zuzuwenden. Sogar in der Stadt ist es an jeder Hecke, unscheinbar und von jedem übersehen, zu finden. Und doch kann es uns ebenso wie die prunkenden Gewächse genug Antworten auf unsere Fragen geben.

Mit einfachem, unverzweigtem Stengel wächst dieses Kraut auf, sowie der Frühling angebrochen ist. Blatt nach Blatt wird am dünnen Stengel entfaltet, nierenförmig in der Grundform und dann zunehmend mit buchtig gekerbtem Rand geformt. Oben wandelt sich die Blattform noch mehr ab. Dabei entlassen aus den Achseln der letzten Blätter die Seitenaugen die ersten Blütenstiele, die winzige Blütchen mit vier weißlichen Blütenblättchen tragen. Diese sind nicht verwachsen und umstellen sechs Staubblätter; es ist also ein Kreuzblütler, der vor uns steht. Auch der Gehalt an Senfölen, der die Blätter, zerrieben, stark nach Knoblauch riechen läßt, deutet darauf hin. In ärmlichen Gegenden Frankreichs wird sie noch als Salat gegessen. Blütchen nach Blütchen werden so in Vielfalt gebildet, die, obgleich so unscheinbar, doch viele Insekten zur Nektarsuche anziehen. Rasch fallen die Kronblättchen ab, so daß am unteren Blütenstand die kleinen schmalen Samenschoten auswachsen, während am Gipfel immer noch weitere Blüten sich entfalten. Diese Blütentraube ist von der rhythmischen Wiederholung des Gleichen bestimmt, Urbild eines einfachen Blütenstandes. Die meisten Blütenpflanzen bilden an ihren Spros-

Abb. 15: Die Knoblauchsrauke.

sen eben nicht eine, sondern mehrere, oft viele Blüten aus. Blütenstände sind überaus häufiger als Einzelblüten. Wie kommt es gerade zur Ausbildung von Blütenständen?

Wenn die Pflanze in den Blühprozeß eintritt, so tritt die Laubblattentfaltung stufenweise zurück. Ein bedeutsamer Zusammenhang: Der grüne, wachstumsfähige Teil zieht sich zurück, stirbt stufenweise, und als Ausgleich setzt der Gegenprozeß, die blattgrünarme Blütenbildung ein. In jeder Blüte endet das Gipfelwachstum, die Photosynthese, die Einzelpflanze, und paradoxerweise gerade durch diesen Gegenprozeß wächst sie über das Individuum hinaus und vermehrt sich bald hundertfältig.

Was die Pflanze dabei natürlicherweise durchführt, vollzieht der Bauer, wenn er die Wiese mäht, der Gärtner, wenn er die Obstbäume schneidet, der Gartenfreund, wenn er Rosentriebe stutzt: Wo der grünende Bereich weggenommen wird, aktivieren sich die vielzähligen »Augen«, die Knospen aus früheren Blattachseln. Daraus entstehen jetzt nicht allein zahlreiche Neutriebe, sondern diese gehen nun auch viel leichter in den Blüten- und Fruchtansatz über.

Weniger grobschlächtig, sondern in feiner Weise führt jede Pflanze dasselbe von sich aus durch, wenn sie selbst ihre Blüten bildet: Stufenweise nimmt sie die Fläche der Blätter zurück. Dafür brechen aus den Achseln der oft nur noch kleinen Hochblätter die Seitenaugen auf, und sie entfalten die vielzähligen Blüten. Im Blühimpuls erstirbt der grünende Pflanzentrieb, und dieser partielle Tod regt alle Augen zur Blütenbildung an.

So kommt es, daß nahezu alle Pflanzen nicht *eine* Endblüte, sondern immer Blütenstände, Infloreszenzen bilden. Und wo es einzelne Endblüten zu geben scheint, wie bei der Tulpe, da zeigt ihre Herkunft aus einer Zwiebel, die ja selbst nur ein groß gewordenes Seitenauge ihrer Mutterzwiebel ist, von der sie sich nur längst abgelöst hat, daß doch das gleiche Gesetz herrscht. So treiben alle Tochterzwiebeln einer Mutterzwiebel – zusammengesehen – wie zu einer gemeinsamen Infloreszenz aus, deren Seitentriebe sich nur schon unterirdisch selbständig abgewurzelt haben. Nicht anders ist es bei einer Herbstzeitlose, einer Anemone, einem Schneeglöckchen. Eine Einzelblüte ist nur ein Restphänomen. Urphänomen des Blühvorganges, der Florese, ist immer der ganze Blütenstand. Dieser Ganzheitlichkeit des Blütenstandes seien die weiteren Betrachtungen gewidmet.

Schleifenblume
Iberis sempervirens

In unseren Gärten wächst vielerorts die Schleifenblume als bodenbedek-
kende Zierpflanze, oft wie Polsterkissen über Steine und Mauern in
Vielzahl herabhängend (Abb. 16). Ihre Blütenstände tragen zahlreiche
weiße, vierblättrige Blüten. Sie ist ebenfalls ein Kreuzblütler. Ist der
Blütenstand noch jung, so breiten sich die unteren, schon offenen Blüten seitlich hin aus, während die folgenden noch klein und zusammenge-
staut zwischen ihnen verharren, insgesamt eine gemeinsame Blütenebene bildend. Jede Blüte bildet nun zusätzlich die zwei nach außen
wegstehenden Kronblätter viel größer als die zwei zur Sproßachse ge-
wendeten aus (Abb. 17). Dadurch gewinnt der Gesamtblütenstand den
unmittelbaren Ausdruck einer einzelnen, um vieles größeren Gesamtblüte, obgleich sie herkunftsmäßig aus vielen Einzelblüten gebildet
wird. Die Stauchung der Mittelblüten und das Verstrahlen der randständigen Blütenblätter wirken, die Einzelblüten gestaltmäßig übergreifend,
zusammen (Abb. 18a).

Abb. 16: Die Schleifenblume ist als Blütenpolster in Steingärten beliebt.

34

Erst wenn sich im Verblühen und Fruchten der Zentralsproß der Inflo-reszenz noch ein letztes Mal in die Länge streckt, löst sich diese Gesamt-gestaltung auf, und jede Blüte fruchtet für sich (Abb. 18 b). Die Kenner sprechen hier gern von einer »funktionellen Gesamtblüte«, fungiert sie doch für die anfliegenden Bienen (die Blüten sind honigreich) wie *eine* große Blüte. Andere sprachen von einem »Synanthium« = Sammelblüte (Mattfeld) oder einem »Anthodium« = dem Blütenähnlichen (Link). Noch gebräuchlicher ist seit Delpino (1890) in der Fachsprache die Bezeichnung »Scheinblüte« (Pseudanthium) geworden; die analytische Untersuchung ergibt ja, daß nicht das augenfällige Ganze, sondern die Einzelelemente wahre Blüten sind. Aber ist nicht auch das Gegenteil der Fall? Gerade die Analyse zeigt, daß die Einzelblüten nur Elemente, Ma-terial für den übergreifenden Blühprozeß sind, dem sie sich einordnen. Nicht der Schein einer Blüte, sondern eine Blüte aus Blüten, eine Über-blüte steht vor uns. Überblüte oder Scheinblüte? Wo das Rätsel auftritt, beginnt leicht der Streit der Worte. Als Frage bleibt, was mit dem Wort Blüte zu bezeichnen wäre: das Ganze oder der Teil? Es ist die gleiche Frage, als deren Antwort jeder Organismus selber sich darstellt.

Abb. 17: Der Blütenstand der Schleifenblume von oben betrachtet.

Abb. 18: Schleifenblume a) von der Seite betrachtet, stehen alle Blütenkronen in einer Blühebene; b) erst im späteren Stadium rücken die Einzelblüten auseinander. Der Fruchtstand ähnelt dadurch dem der Knoblauchsrauke.

Bärenklau, Herkuleskraut
Heracleum sphondylium

An jeder Landstraße und auf jeder Wiese blüht in der zweiten Sommer-
hälfte der Bärenklau. Die kleinen weißen Einzelblüten stehen zu vielen in
einer Blütenebene zusammen. Ja, hier ist sogar der Zusammenschluß vieler Blütenstiele in einen Punkt, dem obersten Stengelknoten, gelungen.
Diese Döldchen stehen wiederum in Mehrzahl zu einer großen Dolde
geordnet zusammen. Der Bärenklau ist ein Doldengewächs (Schirmträ-
ger = Umbellifere).

*Abb. 19: Am Bärenklau ordnet sich nicht nur jede Blüte, sondern auch jedes
Kronblatt im Sinne des Ganzen an. Die Einzelblüten im Döldchen und diese in
der Dolde sind bei näherem Zusehen spiralig ins Pentagramm gestellt. Auch die
Einzelblüte ist fünfzählig.*

Abb. 20: Ein Döldchen läßt uns die genannten Vorgänge genauer beobachten.

Auch hier vergrößern die Randblüten jedes Döldchens die auswärts stehenden Blütenblätter zu langen weißen Zipfeln, die, selbst gespalten, doppelt strahlen. Von Döldchenkreis zu Döldchenkreis wird dieser Vorgang um so stärker ausgeführt, je mehr sie nach außen zu stehen kommen, so daß die äußersten Randblüten die strahlendsten geworden sind, so asymmetrisch sie auch – als Einzelblüte herausgenommen – verzerrt erscheinen. In der von innen nach außen stufenweise gesteigerten Randblütenstreckung gewinnt die Gesamtdolde die wundervoll durchrhythmisierte Gestalt des übergreifenden Ganzen, ohne daß dem Einzeldöldchen und der Einzelblüte die eigene Ordnung ganz genommen wird. Selten so schön wie hier können wir in den Bildevorgang einer Überblüte hineinblicken.

Diese Erscheinung der Randblütenvergrößerung zeigt wohl am auffälligsten der bei uns seltene, warme Kalkhänge liebende Breitsame (Orlaya

grandiflora). Wer genau hinsieht, entdeckt sie auch noch an der Blütendolde der Gartenmöhre und ihrer wilden Schwester (Daucus carota). Am
häufigsten aber begegnen wir der Erscheinung am Herkuleskraut, das
überall den ganzen Sommer auf Wiesen und an Wegen mit seinen breiten
Fiederblättern und mehrfachen Dolden steht. Das Unscheinbare, Ge-
wöhnliche und nur deshalb Übersehene ist hier schon Urbild für alles.

Gemeiner Schneeball
Viburnum opulus

*Abb. 21: Die wilde Form des Gemeinen Schneeballs hat von der »gefüllten«
Zuchtform ihren Namen. Er selbst bringt die Blüten seines Blütenstandes in die
gemeinsame Ebene einer Rispendolde. Erst ein Teil der inneren Blüten hat sich
geöffnet.*

Der Blütenschirm des wilden Schneeballs führt die bei der Schleifenblume und dem Bärenklau eingeleitete Bildung der Überblüte um eine
nächste Stufe weiter: Nur die äußeren Blüten des gesamten Blütenstandes bilden strahlig vergrößerte Blütenblätter aus, die innerwärts stehenden Blüten verbleiben recht unscheinbar. Diese aber bilden dafür den
Samen, während jene steril sind. Was die innenständigen Blüten der Fort-
pflanzungsfunktion zuführen, wenden die randständigen größeren weißen Blüten an die auffällige Außenerscheinung. Sie bringen schon jetzt
zur Blütezeit sichtbarlich zur Geltung, was jene als unsichtbare Möglichkeit noch zurückhalten und im nächsten Jahr mit der Erscheinung
neuer Pflanzen viel lebenskräftiger vorweisen werden.

Das eine wie das andere ist hier gleicherweise möglich. So haben sich
die Einzelblüten beider Formen zum umfassenden Gebilde in einer
Ebene geordnet. Das ist um so erstaunlicher, als der Schirm keine Dolde
ist, die einem gemeinsamen Stielende entspringt, sondern aus einer viel-
verzweigten Rispe entsteht, die sich trotzdem zur gemeinsamen Fläche
der Überblüte anordnet.

Die fünf Blütenblätter jeder Einzelblüte sind verwachsen – ein Anzeichen, daß wir es mit einer hochentwickelten Blütenpflanze zu tun haben.
Die Gärtnerkunst hat auch die inneren Blüten unter Verlust der Samenbildung zu Strahlenblüten werden lassen. Indem sie wie die äußeren
Blüten nun auch langstielig wurden, entstand aus jeder geordneten
Überblüte ein »Schneeball«. Der Gartenschneeball hat damit die Samenbildung verloren und ist nur noch durch Stecklinge oder Pfropfungen auf
die Stammform vermehrbar. Ähnliche Rispendolden mit vergrößerten
Randblüten und Blütenbälle bei gefüllten Blütenständen kennt jeder von
der Gartenhortensie (Hydrangea hortensis) aus Japan. Nur sind es hier
merkwürdigerweise die Kelchblätter, die sich vergrößern und färben.

Kornblume
Centaurea cyanus

Indem wir uns dem Gipfel des Pflanzenreiches nähern, greift die Blütenbildung immer kraftvoller ein und zieht die Blütenstände korbweise zu
Korbblüten zusammen. In der Familie der Korbblütler (Compositen =
die Zusammengebrachten) vollendet sich das Pflanzenreich in vollkommenen Überblüten. Mit fast 19 000 Arten ist sie die formenreichste Pflanzenfamilie überhaupt. Was als Gänseblümchenstern, Löwenzahnsonne
und Distelschopf, Sonnenblumenscheibe oder Asternköpfchen immer als

Abb. 22: Strauch des wilden Gemeinen Schneeballs, Anfang Juni.

Abb. 23: Die Kornblume ist keine Einzelblüte, sondern eine blütenähnliche Gestaltung. Die inneren, dunkelrötlichen Einzelblüten sind von den tütenförmig vergrößerten rein blauen Randblüten umstellt.

ein Blütenantlitz erscheint, besteht doch jedesmal aus einer Menge von Einzelblüten. Woran sind diese noch als solche erkennbar?

Jede Einzelblüte besitzt ihren eigenen Fruchtknoten, dazu oft noch den Kelch als feinen Haarkranz (Pappus), zu einer gezipfelten Röhre verwachsene Blütenblätter, fünf ebenfalls aneinandergewachsene Staubfäden und den zweinarbigen Griffel. Da der Fruchtknoten unter dem Blütenkronenansatz steht, ist er »unterständig«. Aber viele Erscheinungen der im folgenden näher betrachteten korbblütigen Blumen werden uns zeigen, wie die Einzelblüten gestaltlich ihre Vereinzelung gradweise auflösen und sich in die gemeinsame Ordnung einorganisieren. So verwächst schon bei allen Compositen die Schale der Frucht mit der Schale des einen darin enthaltenen Samens, so daß die Frucht einer Einzelblüte funktionell gleichsam zum Samen im gemeinsamen Blütenkorbboden wird, der selbst oft Fruchtcharakter annimmt und bei der Silberdistel und Artischocke gern verzehrt wird.

Bei unserer Kornblume stehen (22-) 25 (-31) Einzelblüten in jeder Überblüte. Die meist zu acht den Randsaum bildenden vergrößern sich

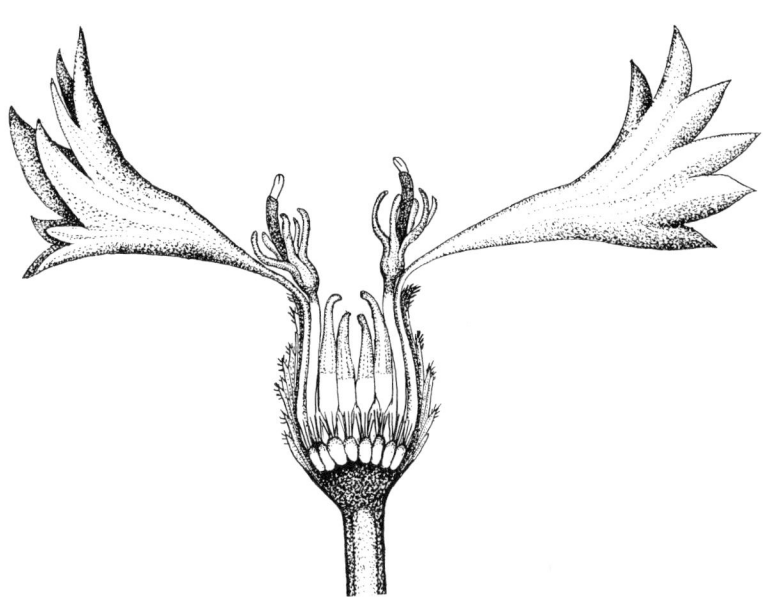

Abb. 24: Längsschnitt durch den Blütenkorb der Kornblume. Die vielen eng anliegenden, obersten Laubblätter bilden den Hüllkelch der Überblüte; die innersten Blüten sind noch geschlossen.

zu doppelt so großen, wiederum selbst achtzipfeligen Blütentrichtern, die sich weit öffnen, das zarteste Himmelsblau entwickeln und dem Blütenkopf erst den vollen Farbkranz geben. Dafür sind diese Randblüten wieder steril – ihr Bildevermögen fließt nicht wie bei den verhalteneren, dunkleren Innenblüten zur Samenbildung zurück. Das Blütenkörbchen wird eingefaßt von dicht stehenden grünen Hochblättern, die als sogenannte Hüllblätter den »Kelch« der Überblüte bauen. Ihre zarten, wimpernartigen Anhängsel werden zuoberst sogar auch schon blütenfarben.

Margerite
Chrysanthemum leucanthemum

Wenden wir uns vom Kornfeld der Wiese daneben zu, so sind es hier die Margeriten, die ihre weißgoldenen Strahlenkränze entfalten. Vom Bauern zwar noch als Unkraut behandelt – die Kornblume ist für ihn der

Abb. 25: Die Margeriten leuchten von Mai bis Juli, vereinzelt aber auch bis in den Oktober, von Wiesen und Böschungen.

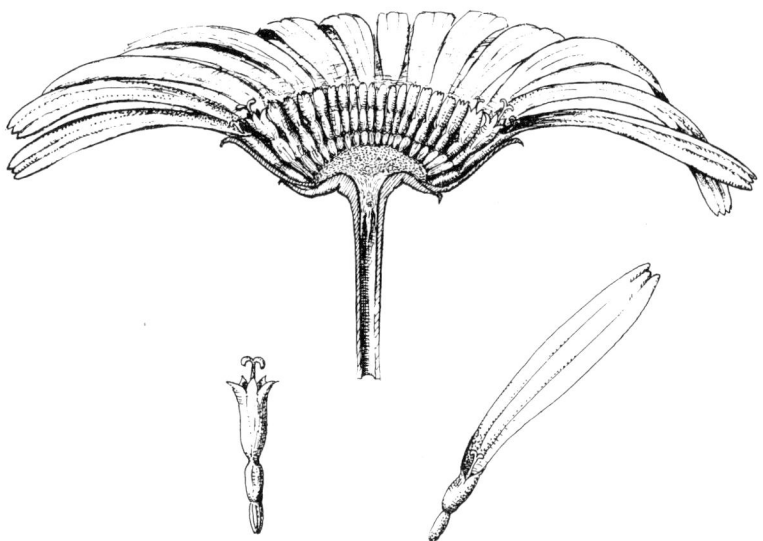

Abb. 26: Der Längsschnitt durch den Margeritenkorb zeigt die einzelnen Blüten deutlich. Sie öffnen sich von außen nach innen. Eine Röhrenblüte (links) und Zungenblüte (rechts) sind vergrößert herausgezeichnet.

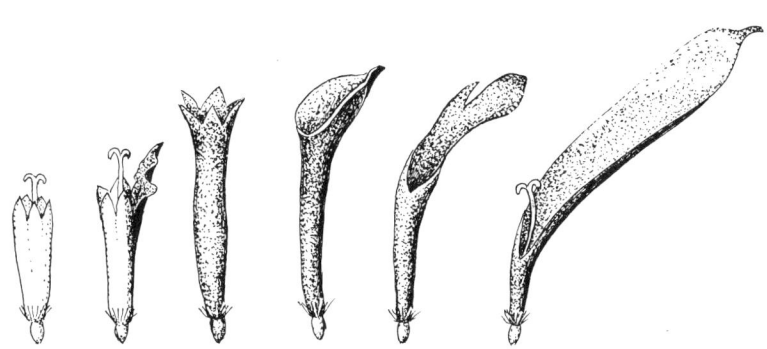

Abb. 27: Einzelblüten aus dem Korb einer gefüllten Sommer-Aster (Callistephus chinensis). Von der kleinen gelben Röhrenblüte über eine größere violettblaue Röhrenblüte bis zur langen violettblauen Zungenblüte finden wir viele Übergangsformen.

45

»Kornfresser«, die Margerite nur die »Wucherblume« –, fügen sie doch dem Lebensraum der Getreide- und Wiesengräser hinzu, was gerade diesen an eigener Blütenfarbigkeit versagt bleibt.

Die Überblüte der Margerite erreicht eine weitere Integration. Nicht nur 20–30 wie bei der blauen Schwester im Getreide, sondern 400–500 einzelne Blütenröhren stellen sich zum goldgelben Innenkissen zusammen: winzig klein geworden und ganz der Blütenstaub- und Samenbildung zugetan. Umgekehrt verstärkt sich der Strahlencharakter der durchschnittlich 20 Randblüten. Die Kronröhre wird tief aufgeschlitzt gebildet, flächig ausgebreitet und stark in die Länge gestreckt. Diese gestaltgewordene Hingabe an den Umkreis geht bis in die Farbgebung: Keine gelbe Eigenfarbe erfüllt mehr die Randblüten, sondern, selbst farbstofffrei, spiegeln sie das Sonnenlicht zurück, im reinsten Weiß aufstrahlend. Die grünen Hüllblätter, wieder kleiner werdend, vermitteln in Form und Farbe zum vegetativen Bereich darunter.

Sollte es nicht der gleiche Vorgang sein, der bei den Anemonen die randständigen Blattelemente der Einzelblüte, bei den Margeriten die randständigen Blütchenelemente der Überblüte zum Strahlenkranz ausformt? Weniger das Ausgangsmaterial, aber die verwirklichte Gestalt sind identisch. Die Gestalt besitzt einen eigenen Grad von Autonomie.

Kaktus-Dahlie
Dahlia variabilis f. Juarezii hort.

Die Kaktusdahlie ist eine herrliche Züchtung aus jenem amerikanischen Korbblütler, den Alexander von Humboldt 1803 in Mexiko wild wiederfand und als erster nach Deutschland brachte. Benannt war sie schon kurz vorher nach einem Schüler Linnés, dem Schweden Andreas Dahl. Viele Formen zeigen noch die gelben Röhrenblüten, von weißen, gelben bis roten Randblüten umstrahlt. Bald gelang es den Gärtnern, nicht nur die Farbnuancen zu vervielfältigen, sondern auch alle Röhren- in Zungenblüten abzuwandeln. So ist auch diese Dahlie gestaltet: gefüllt von einem Übermaß leuchtend farbiger Strahlenblüten, die, sonst nur am Rande stehend, nun den ganzen Blütenkorb ausmachen. Genau in unserem Längsschnitt besehen, zeigt jede Einzelblüte noch ein dazugehöriges Laubblättchen, das sie trägt (Tragblatt). Doch tritt hier im Blütenraum dessen Laubblattnatur zurück: Sie werden zu glasigen, nur noch leicht grün gefärbten Schuppen. Erst unter dem Blütenkopf entdecken wir wieder dunkelgrüne Hochblätter in der dem »Kelch« der Gesamtblüte entsprechenden Region.

Abb. 28: Die Kaktus-Dahlie ist eine großblumige Dahlienart. Hier die Schnittfigur des Blütenkorbes.

Nahezu alle Farben ließen sich von der Dahlienblüte züchten, nie jedoch Blau. Mehrere 100 Pfund Sterling wurden in England für eine blaue Georgine geboten – vergebens. Und wirklich zeigt sich dem, der auf das Ausdrucksvermögen der Natur acht hat, daß die Farben der Blumen keineswegs nur als Zufallstreffer verteilt sind. Jede Farbe ist Ausdruck des Vorganges, aus welchem sie entsteht. Friedrich Sigmund Voigt fand schon 1816, daß unter allen beschriebenen Blütenfarbgebungen sich z. B. Gelb und Blau, wenn sie zusammen auftreten, ausnahmslos geregelt anordnen. Das Gelb steht immer in der Blütenmitte, das Blau randständig (Vergißmeinnicht, Veilchen, Stiefmütterchen etc.): Das leuchtende Gelb vom Zentrum her sternhaft ausstrahlend, das verhaltenere Blau von außen her Hintergrund und Umgebung hinzufügend. Nie fand sich, daß das Pflanzenleben, entgegen dem Erlebnisgehalt, das Gelb außen und das Blau innen anordnete.[*] Es muß schon mit den Blütenfarben seine eigene Be-

---

[*] Siehe auch Troll (S. 112) und Wohlbold, die sich beide auf Voigt berufen. Ob Voigt diesen Hinweis selbst noch von Goethe erhalten hatte? Jedenfalls ist sein Büchlein in enger Zusammenarbeit mit Goethe entstanden (Schmid).

wandtnis haben, wenn ihre unbewußten Lebensprozesse etwas mit unseren unmittelbaren Empfindungen von der einhüllenden Gebärde allen Blaus und von dem Aufleuchtenden jeden Gelbs zu tun haben. Achten wir einmal vermehrt darauf, woran wir wohl bisher nichtsahnend vorbeigingen. Je glockiger die Blüten der Bergenziane auf kleinen, verhaltenen Stengeln stehen, desto tiefer blau sind sie gefärbt. Der großmächtigste unserer Enziane jedoch hat viele, relativ kleine, tief eingeschlitzte, offene Blüten von strahlendem Gelb (Gentiana lutea).

Schauen wir zurück zur Kornblume, so fällt uns nun der im glockigen Hohlraum der Hüllblätter tief liegende Blütenboden auf, den die blaue Farbe bekrönt. Der gelbe Blütenkorbboden der Margerite ist hingegen scheibenartig offen dem Lichte zugewandt, bei der Kamille sogar ausgestülpt. Warm im Goldton und lichtweiß im Strahlenkranz sind ihre Farben geworden.

Unsere Dahlie zeigt den nach oben ausgestülpten Blütenboden, Gestaltgebärde der verstrahlenden Prachtentfaltung, die nicht mehr zurück zur blauen Farbe finden kann.

Löwenzahn
Taraxacum officinale

Wenn im Frühsommer die goldfarbene Hahnenfußblüte erloschen ist, bedecken sich die Wiesen und Wegraine mit dem noch helleren, leuchtenderen Gelb des Löwenzahns, das sich bald in die blaßweißen Tupfen der sternübersäten Fruchtstände verwandelt. Aber auch vor und nach der Hauptblütezeit finden wir die »Sonnenwirbel« vom Vorfrühling bis in den Spätherbst ununterbrochen (Abb. 29). Wir haben alle als Kinder mit dieser Pflanze gespielt, bestaunten die sich spiralig ringelnden Stengelwände, schoben einen Stengel durch den anderen zu Blumenbehängen, und als Pusteblume ist sie immer aufs neue beliebt.

Der Löwenzahn ist eine Heilpflanze, so wie fast alle sogenannten »Unkräuter« (Wegerich, Brennessel, Schafgarbe, Kamille, Quecke etc.). Gerade wegen des unbegrenzten Überschusses an heilungsfähiger Vitalität sind sie so konkurrenzlos und unausrottbar. Selbst aus dem Wurzelstück, das beim Ausreißen der Blattrosetten im Boden steckenbleibt, regenerieren sich gleich mehrere Löwenzahnrosetten.

Die zarten, weichen Blütenköpfchen enthalten wie bei allen Korbblütlern zahlreiche, hier 100 bis 200 Einzelblüten, jede mit eigenem Staubblattkreis und Stempel ausgestattet. Wie bei der Margerite nur die Rand-

Abb. 29: Unser Gemeiner Löwenzahn.

blüten, so sind hier nun alle Einzelblütenkrönchen aufgeschlitzt und strahlig ausgebreitet; die fünf Endzäckchen erinnern gerade noch an die fünfzipflige Blütenanlage (Abb. 32). Diese Blütenzungen stehen nun nicht in jeder beliebigen Richtung, sondern strecken sich, vollkommen zu einem Ganzen geordnet, immer vom Zentrum weg nach außen, so daß eine gemeinsame »Großblüte«, »Überblüte«, »Gesamtblüte«, oder wie wir sie nennen wollen, entsteht. Die grünen Hochblätter dieses zusammengedrängten Blütenstandes vertreten dabei in mehreren Reihen die

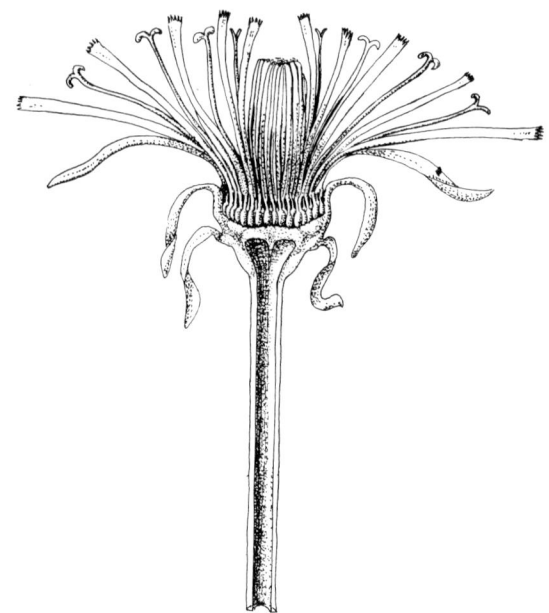

Abb. 30: Löwenzahn-Blütenkorb im Längsschnitt. Jede Blütenzunge besitzt einen eigenen Fruchtknoten und Griffel mit 2 Narbenlappen.

Blätter eines Kelches. Wenn man auf Feinheiten achtet, wird man bemerken, daß die Zungen der äußersten Blütchen von außen grün gefärbt sind, wie wenn es im Sinne des Ganzen an dieser Stelle angebracht wäre, kelchartig zu erscheinen. Die eigentlichen Kelchblätter an den Einzelblüten haben sich dagegen zu den haarigen Gebilden metamorphosiert, die den Fallschirm der künftigen Frucht ausmachen (Abb. 31 u. 32). Die ursprüngliche Fünfzahlsymmetrie der Einzelblüte kann gelegentlich in der Form der Gesamtblüte wieder durchbrechen, so in den Bildeabweichungen des verwandten Pippau, Crepis nemauensis (Abb. 33).

Auch das Öffnen der Einzelblütchen geschieht nach gemeinschaftlichem Gesetz: Erst erblühen die äußeren; sie bleiben aber so lange frisch, bis auch alle inneren Blüten aufgeblüht sind. – Die biologische Einheitlichkeit der Überblüte geht aber auch auf die Blütenbewegungen über: Jeder hat schon einmal bemerkt, daß sich die Blüten der Tulpen nur am Tage öffnen und abends wiederum schließen. Diese Bewegungen vollziehen sich nicht etwa über ein Gelenk am Blattgrund jedes Blütenblattes, sondern es wachsen dabei langsam, aber eben abwechselnd, die inneren und äußeren Gewebeschichten. Wächst das Blütenblatt zum Beispiel außen mehr als innen, so krümmt es sich ein. Die Blütenblätter werden

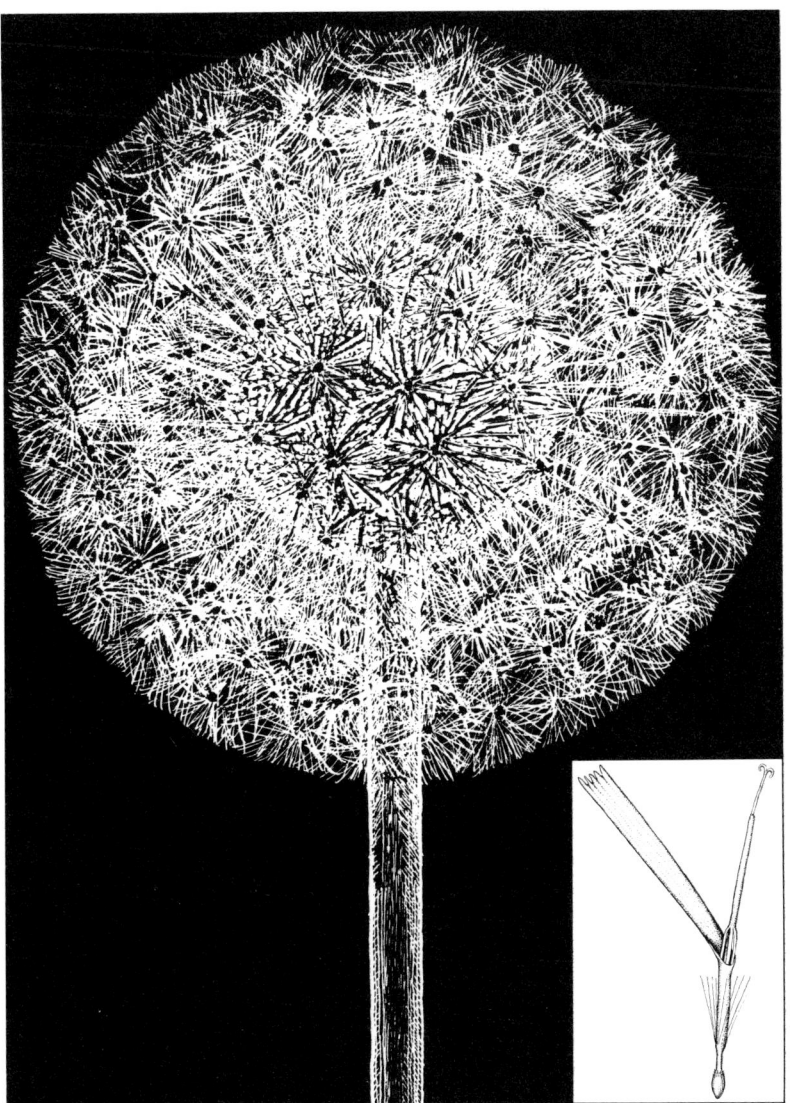

Abb. 31/32: Der zur Sternenkugel gewordene Fruchtstand. Rechts unten die stark abgewandelte einzelne Blüte des Löwenzahnes. Die fünf Staubbeutel sind zu einer gemeinsamen Röhre verwachsen, durch die sich der narbentragende Griffel hindurchgeschoben hat.

dadurch im Laufe der Blütezeit immer länger. Diese Bewegungen hängen nun nicht nur vom äußeren Hell-Dunkel- oder Warm-Kalt-Wechsel des Tageslaufes ab, sondern beruhen auch – wie man an den Schnitt-Tulpen in der Vase im Zimmer sieht – auf einem selbständigen Eigenrhythmus, der bei vielen Pflanzen selbst bei bedecktem Himmel, ja sogar in der Dunkelkammer noch tage- bis wochenlang eingehalten wird. So öffnen sich die großen Einzelblüten unserer weißen Seerose gegen 7 Uhr morgens und schließen sich bald nach 17 Uhr nachmittags; die Nachtkerzen öffnen sich abends, die Königin der Nacht, ein kubanischer Kaktus, nur zwischen 21 Uhr und 3 Uhr nachts. Unser Löwenzahn ist nun eine Vormittagsblume, die sich im Sommer in der Morgenfrühe kurz nach 5 Uhr öffnet und schon bald nach 14 Uhr schließt. Dabei arbeiten die über hundert Einzelblüten des Löwenzahnköpfchens so gemeinsam zusammen wie die Blütenblätter großer Einzelblüten. Das gleiche führen uns auch die Köpfchen der Gänseblümchen, wenn auch stärker von den Umweltgegebenheiten abhängig vor. Diese Schlafbewegungen machen deutlich, wie sehr der Blütenkorb der Korbblütler als Blütenganzheit lebt.

Oberflächliche Deutungen faßten diese Schließbewegungen als Schutzeinrichtungen für den Pollen gegen Schädigung durch Tau und Regen auf, doch weisen weitere Korbblütler auf mehr als allzumenschliche Opportunismen. Manche senken nämlich ihre strahligen Randblüten, anstatt sie zu schließen, und heben sie erst im Sonnenlicht wieder in die Horizontale; so bei nordafrikanischen Margeritenverwandten (Chrysanthemum carinatum und fructescens), die wir auch gelegentlich in Garten und Zimmer hegen. Wesentlich ist offenbar allein, daß in der Ruhepause die Gesamtblüte aus der Schaustellung zurücktritt, um danach wieder in der blühaktiven Phase immer die maximal beschaubare Gestalt einzustellen.

Die Erscheinung, daß solche ausgebreiteten Blütenstände wie Einzelblüten wirken, sei eine reine Anpassung an die Insektenbestäubung, lautet eine ebenso häufige Deutung. Die Insekten können ja genausowenig wie botanisch ungebildete Menschen Scheinblüten von echten Einzelblüten unterscheiden, so daß sie die Pflanzen mit einem auffälligeren »Schauapparat« häufiger befliegen. Weniger bestäubte Pflanzen starben wohl dadurch eher aus, so daß die Zusammenfassung von kleinblütigen Blütenständen zu auffälligeren »Scheinblüten« begünstigt wurde und so sich ausbildete. Diese Deutung stellt wieder leicht den zufrieden, der jeden Organismus als ein außengesteuertes System verstehen will und – über einiges hinwegsieht, z. B. den Löwenzahn.

Er fruchtet wie viele seiner nächsten Verwandten, etwa auch viele Habichtskräuter, ohne Befruchtung. Sie sind auf den Insektenbesuch nicht angewiesen, und trotzdem herrscht hier reichliche Begegnung. Farbe,

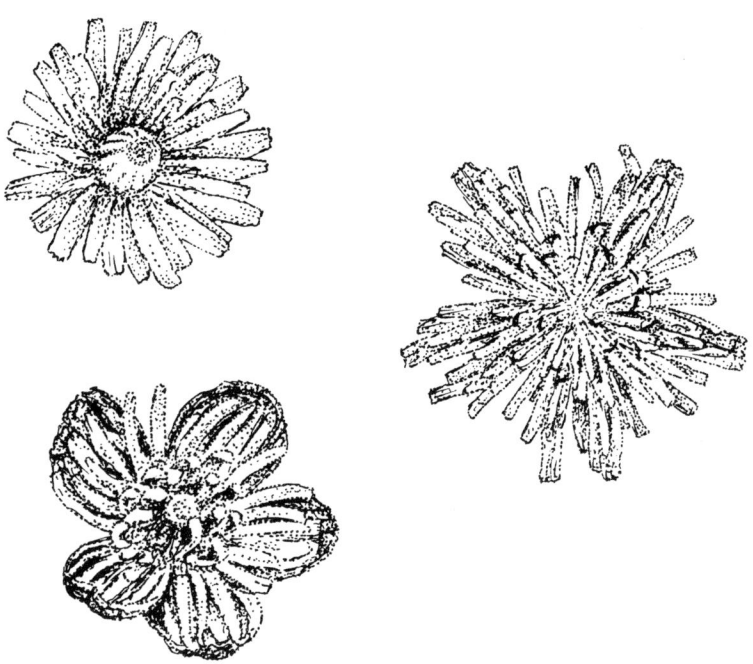

Abb. 33: Der Nîmes-Pippau (Crepis nemauensis), auch Flügel-Lattich genannt, ein häufiges Unkraut in der Provence, ordnet gelegentlich die zahlreichen Zungenblüten so an, daß die Sammelblüte zur Fünfstrahligkeit findet.

Duft, Blütenstaub und Honig werden im Überschuß an die Insekten ver-
geben. Fleißige Leute haben gemessen und errechnet, daß 125 000 Blü-
tenköpfe 1 kg Honig ergeben, was den Löwenzahn zu einer geschätzten
Bienenpflanze macht. Und doch benötigt er keine Gegengabe. Schneidet
man etwa mit der Rasierklinge ein noch geschlossenes Köpfchen oberhalb der Fruchtanlagen mit den Staubbeuteln und Narben ab, so bilden
sich trotzdem keimfähige Fruchtsamen. Seine immerwährende eigen-
ständige Wachstumskraft reicht unmittelbar und ungebrochen in die
nächste Generation hinüber. – So korrigieren schon die alltäglichsten
Pflanzen unsere allzu technomorphen Begriffsklischees. Sie lachen uns
einfach an – hoffentlich nicht aus.

Mauerlattich
Mycelis muralis

Ein zartes, graziles Waldgewächs, häufig in feuchten, beschatteten Fels-
partien wurzelnd, wo es kurz auch einmal von einem Sonnenstrahl durchs
Blätterdach getroffen wird, ist der Mauerlattich. Er blüht erst von Juli bis
September. Die untersten Laubblätter sind wie auf unserer Abbildung
dann schon zerfallen (Abb. 35). Um so deutlicher ist nun die sich in die
Blütenregion hinauf zusammenziehende Blattmetamorphose in der stu-
fenweisen Verkürzung der locker gelappten und ausgezipfelten Blatt-
spreiten bis hin zu immer schmaleren, schlankeren und kleineren Formen
ersichtlich. Mit wenigen Sprüngen wird dann der Blühraum erreicht. Indem die Laubblätter hier zu winzig kleinen Zipfeln verschwinden, brechen dafür alle Seitenknospen in ihren Achseln zu Seitentrieben und Blüten auf. Die filigranartige Blütenrispe trägt Korbblüten, so klein sie auch
sind, von denen eine nach der anderen aufblüht. Bild 36a gibt solch ein

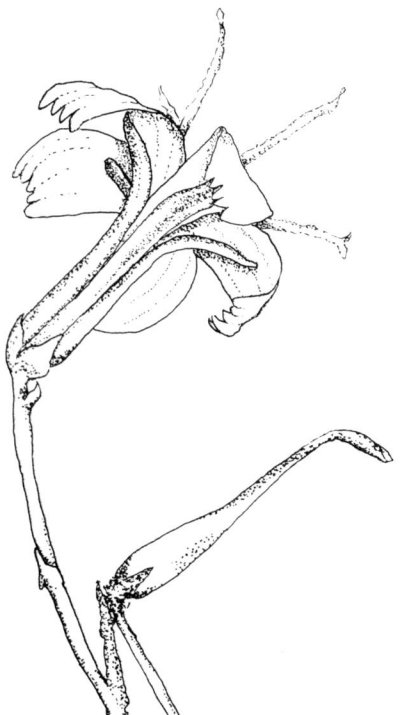

*Abb. 34: Das Blütenkörbchen des
Mauerlattichs von hinten betrachtet.*

54

Abb. 35: Der Mauerlattich in seiner
Gesamtgestalt. Die Erstlingsblätter
sind schon verwelkt. Die sichtbaren
Laubblätter zeigen die Blattmetamor-
phose zum Blütenbereich hin. Stufen-
weise verlängern sich die Stengel-
abschnitte, bis die Blütenbildung einsetzt.

Abb. 36a: Mauerlattich: Fünf Zungenblüten bauen jeweils gemeinsam eine Überblüte auf.

entfaltetes Blütenköpfchen wieder. Wer kann sich dem Eindruck, eine Einzelblüte vor sich zu haben, verschließen? Die Hunderte von Einzelblütchen im Korb des Löwenzahns sind hier zurückgenommen, verschwunden bis auf fünf. Und doch oder gerade deshalb findet der Blütenkorb die höhere Integration zur zahlenmäßig geordneten Überblüte. Die fünf Einzelblüten stehen dicht gedrängt in solcher Weise zusammen, daß man glaubt, fünf Blütenblätter einer Einzelblüte vor sich zu haben. Aber es fällt auch auf, daß in der Mitte dieses Gebildes gar kein gemeinsamer Stempel steht. Statt dessen wird das Innere von fünf Blütenöffnungen gebildet, aus denen jedesmal ein eigener zweinarbiger Griffel mit seinem Staubgefäßkranz tritt, wie wir es schon von jedem Einzelblütchen des Löwenzahnköpfchens kennen, nur daß die fünf Griffel noch näher beieinander stehen und den Eindruck der Zusammengehörigkeit verstärken.

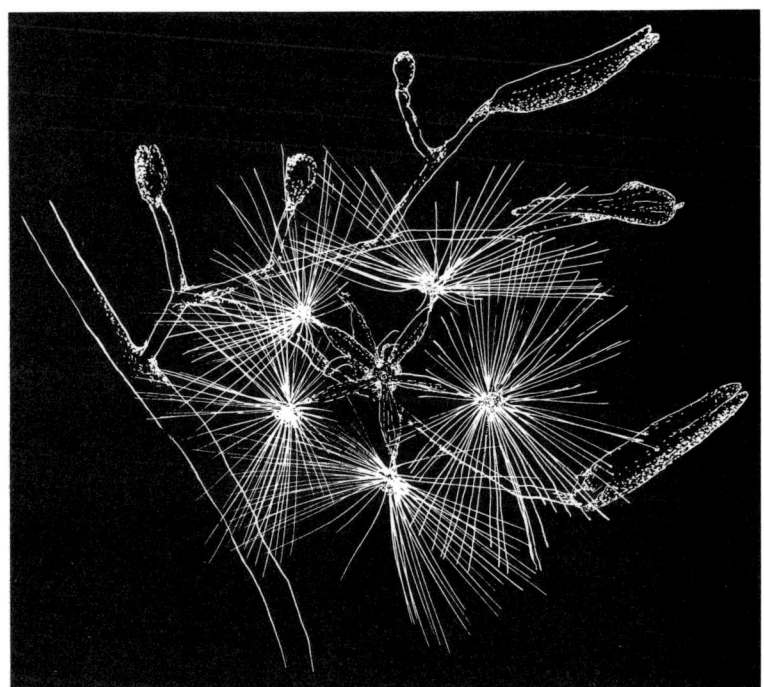

Abb. 36 b: Nachdem die winzigen schwarzen Samenfrüchte im geschlossenen Hüllkelch herangereift sind, öffnet sich dieser ein letztes Mal. Die Pappus-Schirmchen spreizen sich und ihre Haarkränze auseinander zum Fünfstern.

Fünf Hochblätter rücken zum sorgfältig ausgebildeten »Kelch« der Gesamtblüte zusammen. Aber es gibt auch hier kleine Besonderheiten. Bei einzelblütigen Pflanzen ist es normalerweise so, daß die Kelchblätter auf Lücke zu den Blütenblättern stehen. Auf Bild 34 steht jedes kelchbildende Hochblatt direkt unter der einzelnen Zungenblüte, dem »Blütenblatt« der Überblüte.

Eine andere kleine Unregelmäßigkeit sind die drei verkürzten Hüllkelchblätter, die unter den fünf vollausgebildeten stehen. Zwei sitzen davon noch an der richtigen Stelle. Das dritte aber etwas tiefer. Es scheint von der Bildebewegung des Kelches mitgerissen worden zu sein, aber nicht ganz. So gibt es Kunde von dem plastischen Spiel der stufenweise ordnenden Kräfte, die erst in der obersten Region alle Elemente gleichzeitig erfaßt haben.

57

Nachts und bei schlechtem Wetter schließen sich die Gruppenblütchen des Mauerlattichs, bei hellem Tageslicht öffnen sie sich wieder. Das geht so für einige Tage, dann sind die Blütenkronen welk und das Köpfchen bleibt geschlossen, bis schließlich der vertrocknete, braune Blütenkronenschopf aus dem Hüllkelch herausgeschoben wird und abfällt. Was danach erscheint, sind schon die weißen Haare der »Schirmchen«. Ein jedes von ihnen trägt ein trockenes, schwarzes Früchtchen. Eines Tages, bei trockenem Wetter, spreizen sich der Fruchtstand wie auch die Schirmchen auseinander (Abb. 36b). Anders als bei der Sternenkugel des Löwenzahns, die viele Schirmchen ohne feste Zahlenordnung ausmachen, zeigt der zarte Mauerlattich den Verzicht der Fülle und das Geschenk der Ordnung im neuerlichen Fünfstern.

Wer nach weiteren zahlenmäßig geordneten Korbblütlern suchen möchte, der achte im feuchten Walde auch auf das Fuchs-Kreuzkraut (Senecio Fuchsii) und den Hasenlattich (Prenanthes purpurea), an Wiesenwegen auf die einzelnen Blütenkörbchen der Schafgarbe oder im eigenen Garten auf die Studentenblume (Tagetes). Das Eindrucksvollste aber ist hier wieder das Allergewöhnlichste und Unscheinbarste: das Franzosenkraut (Galinsoga parviflora), ein peruanisches, seit dem Anfang des 19. Jahrhunderts bei uns verwildertes »Unkraut«, das heute keinem Garten und Acker fehlt. Der kleine gelbe Röhrenblütenkorb ist von zumeist fünf weißen nur wenig größeren Zungenblüten umkränzt. Ihre Zahl kann von drei bis acht schwanken, doch liegt das herausragende Häufigkeitsmaximum bei fünf – eine urbildliche Erscheinung dafür, wie die lebendige Ordnung eindeutig und doch plastisch zugleich sein kann. Gesetzlichkeit und Spiel schließen sich nicht aus, sie bedingen sich.

Syncephalanthus decipiens

Nach Vorschrift sammle Lebenselemente,
Und füge sie mit Vorsicht eins ans andre.
Das Was bedenke, mehr bedenke wie!
Indessen ich ein Stückchen Welt durchwandre,
Entdeck' ich wohl das Tüpfchen auf das i.

Faust II, Homunculus zu Wagner

In Mittelamerika fand sich das »Tüpfchen auf das i«. Standen bei unserem Mauerlattich noch die Korbblütchen an der locker verzweigten
Blütenrispe beziehungslos über- und untereinander, so rücken sie bei
dieser »verwachsen-köpfigen Blume« (Syn-cephal-anthus) in eine gemeinsame Form zusammen, ohne jedoch die Blütenkorbböden zu vereinigen (Abb. 37a, b, c). Nach unten noch den Rest an Verzweigung
beibehaltend, verwirklichen sie oben in der gemeinsamen Blühebene
einen neuen einheitlichen Anblick: das mittlere Köpfchen besitzt keine
Strahlenblüten, die randständigen nur zur Gesamtaußenseite hin. So
entsteht eine Gesamtblüte aus Überblüten, die aus Einzelblüten gebildet sind. In dieser Superblüte wird der Blühvorgang zur vollkommenen
Gestalt.

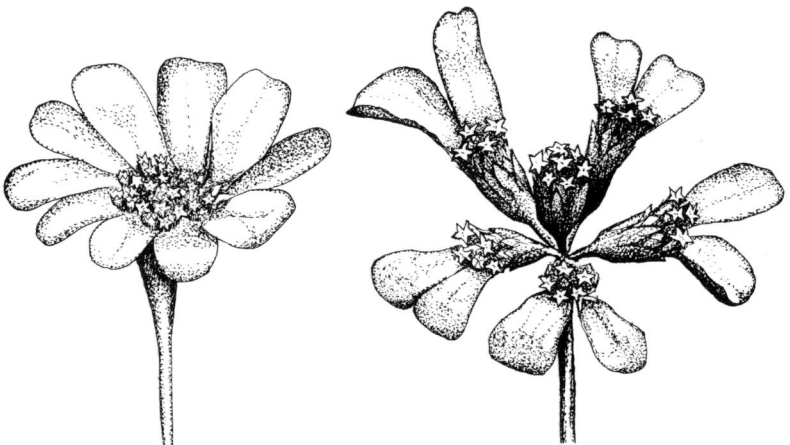

Abb. 37: a Syncephalanthus decipiens. Diese Überblüte aus mehreren Blüten-
körben ist nur 3,5 cm groß; b künstlich auseinandergezogen, werden die Ein-
zelkörbe sichtbar (beide nach Troll, siehe auch Kunze).

59

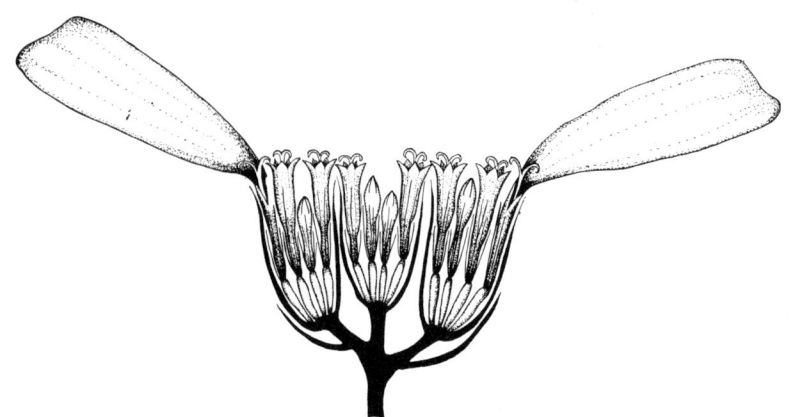

Abb. 37c: Syncephalanthus decipiens. Ein Schnittbild macht noch einmal den Aufbau des Blütenstandes deutlich (nach Troll).

Strohblume
Helichrysum bracteatum

Die altbekannte Strohblume stammt aus einem noch ferneren Erdteil, Australien. Die dortige Wildform blüht goldgelb. Gleich erkennen wir wieder in ihr einen Korbblütler, den Korb voller kleiner Röhrenblüten, von breitglänzenden, strohtrockenen Blattgebilden umstellt. Was bringt er uns nun neues zu unserem Thema? Die ähnliche Erscheinung läßt an den Bau der Margerite oder Sonnenblume denken, wo die Randblüten zu den so viel größeren Zungenblüten ausgezogen sind. Zupfen wir nun den einen oder anderen Randstrahl der Strohblume aus, so finden sich keine Staubgefäße oder Fruchtknoten daran, nicht einmal Reste davon. Bisher waren es Einzelblüten, die in die höhere Form mit eingingen. Hier nun werden zum gleichen Ergebnis andere, blütenfernere Organe verwendet. Es sind die am höchsten gerückten Laubblätter, die wir sonst bei den Korbblüten nur als Hüllblätter kennenlernten, die nun hier oben blütenfarben mit aufleuchten.

Die zusammenfassende Kraft der Blüte läßt sich schon im grünen Unterbau ahnen. Hier drücken sich die länglichen Laubblätter mehr als zur Hälfte ihrer Länge dem Stengelsproß an, mit ihren Blatträndern an ihm herablaufend.

60

Abb. 38: Die Strohblume bezieht nun auch die Hochblätter des Hüllkelches in den Kreis der farbigen Blütenorgane ein.

Heute wachsen die Strohblumen in unseren Gärten und sind als die »Unsterblichen« (Immortellen) in bunten Trockensträußen für den Winter beliebt. Wir finden sie jetzt in Weiß über Gelb und Orange bis Braunrot: Der Blütenboden ist nicht merklich eingesenkt.

Silberdistel
Carlina acaulis

Auch unsere einheimische Silberdistel bildet um ihren Blütenkorb stro-
hern-trockene, strahlig-blütenhafte Hüllblätter. Noch größer ist die
Überblüte (den fleischigen Blütenboden kann man essen), noch länger
sind die Hüllblätter geworden, noch strahlender im silbrig glänzenden
Weiß die Färbung. Und auch im vegetativen Unterbau verstärkt sich die
Konzentration: Nur eine einzige Korbblüte beschließt den Stengel. Er
selbst wird extrem kurz, so daß die Pflanze dem Boden aufgeschmiegt
liegt. Selbst die Blätter verhärten in scharfen Spitzen und ziehen sich di-
stelartig zusammen. Warme Trockenhänge mit Kalkuntergrund im südlichen Mitteleuropa, dort, wo die Hochsommersonne zu Mittag das Land
in heißer Hitze flimmern läßt, bilden ihren liebsten Standort. In den nörd-
lichen Mittelgebirgen (Rhön, Thüringer Wald) wird sie schon selten,

Abb. 39: Die hell glänzenden Randstrahlen der Silberdistel sind ebenfalls derbe
Hochblätter des innersten Hüllkelches. Zahllose Griffel ragen aus dem Korb-
boden auf und zeigen das Gedränge äußerst vieler Röhrenblüten an.

schießt hier häufiger ins Laub, wird langstieliger, hebt die dabei etwas
kleiner ausfallenden Blütenkörbe über die Erde, treibt sogar gelegentlich
dann mehrere Blütenstengel aus einer Wurzel, besonders in feuchteren,
kühleren Jahren. Um so deutlicher wird hieran ihr eigentlicher, den Süden liebender Typus. Ihre Verwandte am Südalpenabfall und in Jugosla-
wien vertieft die Blütenstrahlen zu lebhaftem Gelb. (C. acanthifolia).

Edelweiß
Leontopodium alpinum

Das Edelweiß ist wie die Silberdistel ein kalkliebender Korbblütler. Doch
siedelt es in der höheren Region der Alpen etwa zwischen 2000 und 3000
Meter, von wo die Alpenflüsse die leicht keimenden Samen gelegentlich
in die Tallagen herabschwemmen, so daß man es dann auch tiefer findet.
Es wächst von den Pyrenäen bis zu den zentralasiatischen Bergzügen.

Seine besondere Blütenbildung vereinigt, ähnlich wie Syncephalanthus, viele Blütenkörbe zu einer Gesamtform. Nur bilden nicht mehr so
wie dort etwaige Zungenblüten den peripheren Strahlenkranz, auch nicht
wie bei der Silberdistel die Hüllkelchblätter, sondern es sind die weißfilzi-
gen Hochblätter des oberen Laubblattbereiches, welche die gelblich ge-
tönten Köpfchen umstehen. Auch so gelingt die gleiche Farbgebung wie
bei einer Margerite oder einer weißkronigen, gelbäugigen Anemone,
wenn auch in einer gedämpfteren, samtenen Milde (Abb. 40).

Die Zungenblüten fehlen ganz, die Hüllkelchblätter zeigen nur kleine
schwarze Zipfel. Man hat den Eindruck, daß diese hochgesteigerte Gesamtblüte auch dadurch erst möglich wird, daß der einzelne Blütenkorb
recht klein verbleibt. Noch viel kleiner sind darin die Einzelblüten, die
sich hinwiederum untereinander ergänzen: Die innenständigen Blütchen
jedes Körbchens besitzen zwar auch Fruchtknoten, die aber steril sind, so
daß nur ihr Blütenstaub tauglich ist, während die randständigen Blütchen
keine Staubblätter mehr bilden, sondern nur die Samenfrüchte hervor-
bringen. Der Verzicht auf die Vollständigkeit oder gar den Prunk aller
Einzelglieder macht die weitgreifende Gemeinsamkeit möglich. Bei der
nahverwandten kleinen Küstenpflanze Evax pygmaea Südeuropas wird
die »Hochblattblume« noch regelmäßiger und trichterförmig.

Die Anzahl der Blütenkörbe im Stern des Edelweiß spielt zwischen
einem und zehn. Doch sind es zumeist fünf oder sechs, wobei das sechste
Blütenkörbchen oft die Mittelstellung inmitten der fünfzähligen Gesamt-
ordnung einnimmt. Im plastischen Spiel wird die Ordnung gewonnen.

Abb. 40: Eine fünfzählige Superblüte aus Überblüten (Korbblüten) vom Edelweiß.

Sterndolde
Astrantia maior

Zart und schlank, an feuchten Stellen der Berge, begegnet die Große Sterndolde dem Wanderer häufig in den Alpen. Auf der Schwäbischen und Fränkischen Alb ist sie schon weniger zu finden, noch seltener im Thüringer Wald und im Harz. Sie ist ein Doldengewächs wie der Bärenklau, obgleich sie beim ersten Anblick ganz anders ausschaut. Sie liebt den Halbschatten des Waldrandes und ist so auch ein anderes Geschöpf als die dickköpfige Silberdistel. Und doch neigt auch sie dazu, Laubblätter in die Blütengestalt einzubeziehen. Diese aber bleiben zartweich und verlieren trotz ihres schönen Weiß die grünen Ränder und Zipfel nicht ganz. So umhüllen sie die kleine Dolde vieler einzelner, hier sogar noch gestielter Blütensterne. Genaugenommen ist jedes Doldenköpfchen eine Doppeldolde, die ihre Döldchenstiele verschluckt hat. Denn es gibt nur so viele Tragblätter wie Döldchenanlagen, jedoch mehr als doppelt so viele Einzelblüten. Um so eindrucksvoller ist die Geschlossenheit jeder

Abb. 41: Aus der Nähe sind die fünfstrahligen, langgestielten Einzelblütchen besser zu erkennen.

65

Abb. 42: Die Große Sterndolde faßt jedes Blütendöldchen innerhalb heller Hochblätter zusammen.

dieser anmutigen Überblüten. Mehrere solcher Sammelblüten stehen in einer großen Grunddolde zusammen, deren Hüllblätter noch krautig-gezipfelt und grün bleiben, so wie auch das Bündel an Überblüten zu keiner nochmaligen gemeinsamen Gestalt mehr zusammenfindet.

Bei der Bayrischen und Tiroler Sterndolde (Astrantia bavarica und minor) werden die oberen Hüllblätter rein weiß und bilden so noch schönere Sammelblüten. Die Schafdolde (Hacquetia epipactis) von Kärnten und der Steiermark, unsere distelblättrigen Mannstreu-Formen (Eryngium), zum Beispiel die Stranddistel am Meer, und ein wenig auch unsere Hasenohrarten (Bupleurum), alles ebenfalls Doldengewächse, zeigen die gleiche Neigung, den Doldenblütenstand zur Blüteneinheit zu vereinigen.

Schwedischer Hartriegel
Cornus suecica

Auch im skandinavischen Raum, gen Süden nur nach Schleswig-Holstein und Ostfriesland hereindringend, gelingt einer den Doldenblütlern nahestehenden Pflanze die Blütenintegration: dem Schwedischen Hartriegel, einem kleinen, nur 10–15 cm hohen, in Mooren und Wäldern heimischen Kraut. Wieder verblüfft, daß die vier vermeintlichen Blütenblätter, die sich rein weiß vom Kranz der grünen Laubblätter abheben, anlagemäßig

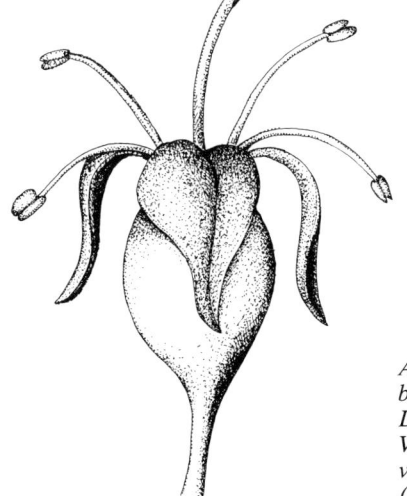

Abb. 43: Stark vergrößerte Einzelblüte des Schwedischen Hartriegels. Der Fruchtknoten ist unterständig. Vier schmalzipfelige Kronblätter und vier Staubfäden umgeben den Griffel (nach Hegi).

Hochblätter sind, die nun blütenfarbig aufleuchten. Die Einzelblüten stehen winzig klein mit kurzen Stielen versehen, in Vielzahl und dunkelrotbraun, ja nahezu schwarz gefärbt inmitten der hellweißen Hochblatthülle, anschaulich das »Narbenpolster« dieser Überblüte darstellend. Nur im Ansatz der Einzelorgane ist das Bestehen einer kleinen Blütendolde noch erkennbar.

Den strauch- und baumartigen großen Geschwistern, dem bei uns überall anzutreffenden roten Hartriegel (Cornus sanguinea) und der viel angepflanzten Kornellkirsche (Cornus mas), gelingt eine solche Infloreszenzkonzentration nicht. Nur ausländische Verwandte, wie die bei uns eingeführten Ziergehölze Cornus kosua aus Japan und Cornus florida aus Nordamerika, bringen es wieder dazu.

Abb. 44: Die dunklen Blütenstände des Schwedischen Hartriegels sind von vier hellweißen Hochblättern umstellt, die ein breiter Kranz grüner Laubblätter umgibt.

Sonnenwolfsmilch
Euphorbia helioscopia

Zum Ausklang wollen wir uns noch den Blüteneigentümlichkeiten in der
Familie der Wolfsmilchgewächse (Euphorbiaceen) widmen. Hierzu brau-
chen wir wieder einmal nur in den Garten oder auf den nächsten Acker zu
gehen, um eine unbeachtete, höchstens als »Unkraut« verfolgte Pflanze,
die Sonnenwolfsmilch, mit ihren rundlichen hellgrünen Blättchen und
radförmig ausgebreiteten gelbgrünen unansehnlichen Blütenständen zu
finden (Abb. 45). Ein abgezupfter Teil läßt einen weißlichen Saft, die
»Wolfsmilch« hervorquellen, der uns ihre Familienzugehörigkeit bestä-
tigt. Blütenfarben finden sich eigentlich gar nicht recht; nur ins Gelbliche

Abb. 45: Die Sonnenwolfsmilch. Gesamte Pflanze von oben.

Abb. 46: Vier Cyathien, von gelblichgrünen Hochblättern umhüllt. Aus dem zuerst aufgeblühten Cyathium hängt schon der weit entwickelte Fruchtknoten heraus.

ist das Blattgrün eingefärbt, wo die Blüte sich zeigt. Aber an ihr und anderen heimischen Wolfsmilcharten frißt die wohl bunteste Raupe unserer Breiten: Nackt, groß, dick und mit leuchtend schwarzen, weißen, roten und gelben Farbmustern überzogen, wird sie nach der Verpuppung zum Wolfsmilchschwärmer. Sie und ihr Falter bringen das zur Erscheinung, was die Pflanze an eigener Farbgebung zurückhält. Für andere Tiere ist ihre Milch recht giftig, und, wie der Name schon sagt, dezimierte man früher mit ihr die Wölfe. Stark richtet sich die Pflanze nach dem Licht und wendet ihren Oberteil täglich dem wechselnden Lauf der Sonne zu (helioscopia = die zum Sonnengott Helios Schauende).

Der sinnenden Betrachtung wert ist die kleinformatige Blütengestaltung (Abb. 46). Dicht umgeben von breitsitzenden Hochblattpaaren, zeigt sich in einer vierzähligen Hülle, von merkwürdigen, nektarabscheidenden Rundhöckern umgeben, der Fruchtknoten. Ihn krönen drei zweizipfelige Narben. Nach der durch Fliegen und Bienen erfolgten Bestäubung wächst

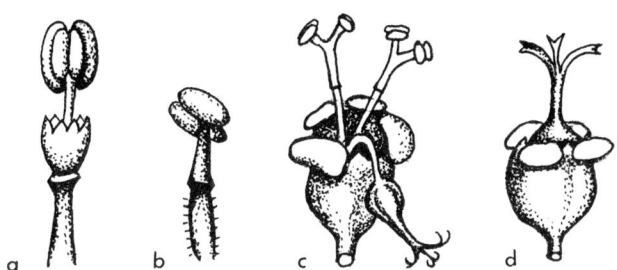

Abb. 47:

a) männliche Einzelblüte des afrikanischen Wolfsmilchgewächses Anthostema senegalensis mit nur einem Staubfaden, aber noch ausgebildeter, verwachsenblättriger Blütenkrone.

b) ähnliche Einzelblüte einer Euphorbia-Art mit Knotenring anstelle der ausgebliebenen Blütenkrone;

c) Cyathium der Sonnenwolfsmilch in männlicher Blühphase mit einer schon fruchtenden weiblichen Einzelblüte und zwei männlichen Einzelblüten, deren Staubfäden oberhalb der Knotenringe gabelig verzweigt sind.

d) das gleiche Cyathium in der früheren weiblichen Blühphase noch ohne sichtbar gewordene männliche Blüten, wenig stärker vergrößert (aus Hegi).

der Fruchtknotenstiel – wie sonst nur eine verblühte Einzelblüte (etwa beim Alpenveilchen) – in die Länge und biegt sich nach unten (Abb. 47). Das zeigt uns schon an, daß das ganze Fruchtknotengebilde eine Einzelblüte ist, die alle anderen Blütenorgane verloren hat. Daneben strecken sich zwei Staubfäden mit je zwei Pollensackpaaren hervor. Aber bei ihnen sehen wir durch die Lupe, daß jeder einen Knotenring trägt. Und ein Vergleich mit einer afrikanischen Verwandten (Anthostema) zeigt, daß diese am gleichen Organ noch eine kleine richtige Blütenhülle trägt. So ist der vermeintliche Staubfaden seinerseits eine eigene Blüte, die nur alle Organe bis auf die Staubbeutel reduziert hat. Die drüsentragende Hülle ist also aus Hochblattanlagen gebildet, das Ganze eine Überblüte. Über 100 Jahre brauchten die Pflanzenkundigen, bis sie durch viele Vergleiche sicher waren, auch hier vor einem zur Sammelblüte geformten Blütenstand zu stehen, in dem nur jede einzelne Blütenanlage – die Staubfadenblüten können auch in großer Zahl auftreten – alle anderen Organe so unterdrückt hat, daß der ganze Verband hochgradig dem Bau einer vollständigen Einzelblüte entspricht. Dieses Überblütchen, oft wie bei unserer Pflanze recht klein gehalten, findet sich bei allen 680 Euphorbia-Arten der Erde und wird »Cyathium« genannt; das ist ein »Schöpfgefäß«, in das eben viel hineingeht.

Prangende Wolfsmilch
Euphorbia fulgens

In Blumengeschäften finden wir überraschend farbige Wolfsmilchblumen aus heißen Ländern, so den gern auch auf Fensterbänken gehaltenen Christusdorn aus Madagaskar (Euphorbia splendens), dessen Cyathien zwei scharlachrote Drüsenanhänge ausbreiten, oder als noch größere Überraschung die zarte, herrliche Euphorbia fulgens aus Mexiko. Jede ihrer leuchtenden Blüten ist eine fünfzählige Überblüte, ein Euphorbien-cyathium, dessen fünf Hüllenzipfel zu idealen Blütenblattformen ausgebreitet und von tiefem Orange erfüllt sind.

Die aufblühenden Cyathien zeigen sogar die gedrehte Blütenblattstellung wie die Einzelblüten unserer Enziane oder des Immergrüns, wobei man bis heute noch nicht sicher weiß, ob diese sonst drüsigen Hüllenanhänge blattartiger oder sproßartiger Herkunft sind. Hier offenbart sich aufs energischste das Wesen der Blüte überhaupt: Sich immer dadurch zu verwirklichen, daß sie sich nie allein von dem vegetativ Vorgegebenen bestimmen läßt, sondern es gerade zurückdrängt, es dadurch zum bloßen Material macht, um die eigene Gestalt in autonomer Ordnung neu aufzubauen.

Abb. 48: Blühender Zweig der Prangenden Wolfsmilch.

Abb. 49: Ausschnitt aus Abb. 48. Das sich gerade öffnende Cyathium in der Mitte zeigt, daß seine Scheinblütenblätter gedrehte Knospendeckung besitzen wie die Blütenkronzipfel des Immergrüns oder der Enziane (Contortae).

Poinsettie, Weihnachtsstern
Euphorbia pulcherrima

Unsere letzte Pflanze ist eine Wolfsmilchart, die zu einem überall belieb-ten Advents- und Weihnachtsgeschenk geworden ist. Die einzelnen Cya-thien sind gut zu erkennen. Unscheinbare Knöpfe geworden, stehen sie in einem gelockerten Blütenstand oder genauer Cyathienstand zusammen. Die Blühgewalt dieser Art, die in heißen Klimaten zu viele Meter hohen Bäumen aufwächst, ist auf die großen obersten, gedrängt stehenden Laubblätter übergegangen. Stufenweise schmaler und etwas kleiner und ganzrandig werdend, laufen sie scharlachrot an und heben sich auffallend vom tiefgrünen Hintergrund der Belaubung ab. In ihrer Heimat, in Me-xiko, wird sie von den Kolibrivögeln besucht und bestäubt. Die »schön-ste« Euphorbie heißt ihr Artname. Sie möge den Abschluß bilden als einer der vielen Gipfel im Pflanzenreich, wo über den ursprünglichen Blütenbau hinaus immer neue und weitere Organe von der machtvollen

Wirkung des Blühimpulses ergriffen werden. In der Überwindung aller Bauplangrenzen wird das bloß wuchernde Leben beendet, um im Erblühen in eine Daseinsform zu münden, die Schönheit und Ordnung zugleich ist.

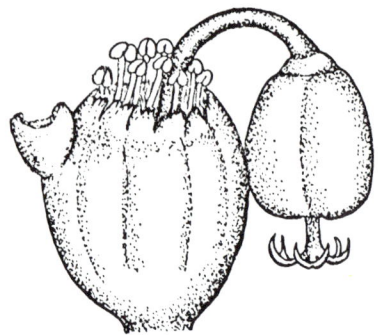

Abb. 50: Einzelnes Cyathium des Weihnachtssternes. Die Farbigkeit des Cyathiums wurde von den leuchtenden großen Hochblättern verstärkt übernommen. Die weibliche Blüte mit dem reifenden Fruchtknoten hat sich herabgebogen, umgeben von den vielen einzelnen Staubfäden pro männliche Blüte; links eine Nektardrüse (aus Venkata Rao).
Abb. 51: Viele Meter hohe Büsche des Weihnachtssterns in einem Park in Südafrika.

*Abb. 52a, b: Weihnachtssterne als Ziersträucher in einem afrikanischen Stadt-
park. Die untere Pflanze steht etwas im Schatten. Ihr gelingt es nur anfänglich,
viele Cyathien zur höheren Ganzheit zu integrieren. Der oberen Pflanze ist es
voll gelungen. Man beachte die Farbgebung im Zusammenhang mit der Verän-
derung der Blattform.*

Die Überblüten
und die menschliche Wesenheit

Schönheit und Ordnung waren für den Menschen vor 3000 Jahren in Griechenland das gleiche. Er hatte dafür das gemeinsame Wort Kosmos. Der sternendurchsetzte Nachthimmel war der anschauliche Garant dieser Einheit. Das Schöne und das Gute waren ebenso identisch. Das Kalos k'agathos (schön und gut) war griechische Tugend. Wahrheitssuche, Schönheitsliebe und hilfreiche Güte konnten ungetrennt erlebt und gelebt werden.

Uns sind sie heute chemisch rein auseinandergefallen. Seine Gedanken in Ordnung zu halten, hat nichts mehr mit Ästhetik zu tun und diese ebensowenig mit moralischer Verantwortung. Wer aber das zeitgenössische Bewußtsein beobachtet, weiß von unserer aller Suche nach einer neuen Möglichkeit der gegenseitigen Ergänzung dieser drei Kulturfähigkeiten.

Der anthroposophische Ansatz kann nicht vom Sinnenfälligen ausgehen. Das Zugangstor ist die Selbstabklärung. Welche Erfahrungen machen wir zum Beispiel an uns selbst, wenn wir die Natur beobachten? Diese Frage ist die Schwelle des Tores. Wir geben uns im nächsten Wald, bei einem Bergausblick oder auf der Sommerferienwiese damit zufrieden, daß die zur Schulzeit erlernten Naturgesetze die Schönheit der realen Welt doch nicht ausschließen, und nehmen dies alles als ein gütiges Geschenk an. – Aber wer dann weiter fragt, dem ergeht es oft genug so, daß sich das Sinnenfällige allmählich zum Belanglosen reduziert. Blüten werden zu Schauapparaten und das Grün der Landschaft zum Restlicht nach der Absorption der Rotkomponente durch das Chlorophyll. »Eine Sache, die sich aufklärt, hört auf, uns etwas anzugehen«, so beschrieb schon Nietzsche ähnliche Selbsterfahrungen. Diese Belanglosigkeit ist keine Aussage über die Natur des Sinnenfälligen, sondern über die des Fragenden. Wieso?

Schon ein wenig Seelenbeobachtung zeigt, daß der Fragende nicht nur die Inhalte seiner Frage erlebt, sondern zugleich die unabweisbar damit verknüpfte Tatsache, daß er fragen kann, daß er zur eigenen Frage fähig ist. Alle sinnenfällige Natur aber kann das nicht. Beobachten wir den fragenden Menschen seelisch, so erlebt seine Seele, zur Welt gerichtet, ihr Ungenügen, ihre Unwissenheit, ihre Weltfremdheit; deshalb fragt sie ja.

Und sie erlebt, auf die innere seelische Eigenexistenz gerichtet, daß sie im Fragen mehr als alle Sinneswelt ist, eben dadurch, daß sie fragen kann.

Das weltgerichtete frustrierende Erlebnis ist unbequem zu ertragen und leicht durch Surrogate in Form unzähliger Modellvorstellungen, denen der Wahrheitsgehalt nur nie voll zugesprochen werden kann – daher spricht man ja von »Modellen« – aufzufüllen. Das seelengerichtete erhöhende Erlebnis wird so schnell und rasch gekostet, daß es meist nicht mehr reflektiert werden kann. Man spürt nur, daß das Vermögen, fragen zu können, etwas so Großartiges ist, daß alles Befragte nur weniger wert sein kann. Das Sinnenfällige wird damit notwendig belangloser.

Beide Erlebnisweisen gehören zu unserem heutigen Menschsein und haben ihre Bedeutung. Mit dem Aufbau von Modellbildern machen wir uns die Welt vorstellungsmäßig verfügbarer, mit dem Selbsterlebnis der Fragehaltung sind wir davor bewahrt, uns an die Welt zu verlieren. Beide Tätigkeiten dienen der Aufrechterhaltung unseres Individualbewußtseins. Beide Haltungen, und das wird aus dieser Betrachtung zugleich deutlich, verlegen uns damit aber auch den Zugang zur Weltwirklichkeit. Sie ist immer mehr als alle unsere Modellvorstellungen zusammen, und sie kann uns stets mehr sagen, als unser Innenleben vermeint. Ist das empirisch erfahrbar?

Man kann leicht die immer vorhandene Frustration an der Weltfülle auf das seelische Innenleben ausbreiten und daher erlahmen; oder man kann die innere Selbsterhöhung gegen die Außenwelt stellen und diese für belanglos halten. Zukunftsträchtiger und damit menschlicher ist aber wohl gerade das Umgekehrte: Statt des Selbstgenusses eine sorgsame Erkenntnis des inneren Seelenlebens aufzubauen, und nach der anderen Seite hin statt der Resignation die bescheidene, immer bereite Hinwendung auch zum einfachsten Stein und Gras als einem bedeutenden Weltinhalt aufzubringen; bedeutend allein schon durch die Tatsache, daß sie da sind. Das eine ist der Beginn der anthroposophischen Geisteswissenschaft, das andere der Inhalt jeder echten Naturwissenschaft des Goetheanismus.

Einfach und stufenweise haben wir im vorausgegangenen manche seltene oder häufige Pflanze angeschaut. Ähnlich können wir auch das jedem unmittelbar zu Gebote stehende Seelenvermögen forschend beobachten. Man muß nur den Denkmut haben, sich konsequenterweise auf andere Ergebnisse gefaßt zu machen, als sie ohne diesen Entschluß auftreten.

Auch hier ist jede einfachste Beobachtung schon vielsagend. So ist der in der zeitlichen Abfolge ursprüngliche Zustand des Menschen nicht der seelische Wachzustand, sondern der Schlaf. Bewußtlos wachsen wir ins Leben. In dem Alter, in welchem wir am meisten wachsen, schlafen wir auch noch am meisten. Indem wir größer werden, nimmt die Zeitspanne des Schlafes gegenüber dem Wachen ab. Zugleich verlangsamt sich das organische Wachstum des Leibes, bis wir, ausgewachsen, auch am wachesten urteilen können. Im kleinen Rhythmus des Tages erfahren wir ebenso eindringlich und unentwegt, daß unser waches Seelenvermögen dem leiblichen Aufbau entgegenwirkt, uns nach einigen Stunden ruhebedürftig und nach einigen weiteren Stunden schon wieder schlafbedürftig macht. Seelische Aktivität zehrt offenbar notwendig am vitalen Unterbau. Carl Fortlage ist vor gut hundert Jahren wohl der erste gewesen, der diesen offen zutage liegenden und vielleicht gerade deshalb wenig beachteten, unabänderlichen Zusammenhang ausführlich beschrieben hat:

»Das Bewußtsein gehört zu denjenigen Naturprozessen, welche die Kraft, wodurch sie existieren, durch ihre Existenz aufzehren. Alle Gefäße des Ernährungssystems arbeiten rastlos und ununterbrochen fort, im Wachen wie im Schlaf, und werden zugleich während ihrer Arbeit selbst aus dem Blute ernährt und immer aufs neue gekräftigt. Nur allein das Gehirnleben mit seinen Tätigkeiten des Bewußtseins, der Sinneswahrnehmung und der willkürlichen Gliederbewegung macht eine Ausnahme. Zwar ernährt sich das Gehirn nicht nur im Schlaf, sondern ebensowohl im Wachen aus dem Blute, das ihm in immer gleichmäßigen Wellen durch die Kopfschlagadern zugeführt wird. Aber das Wachen würde das Gehirn nicht erschöpfen, wenn darin nicht die Ausgabe der Lebenskräfte ihre Einnahme überstiege, und der Schlaf würde das Gehirn nicht erquicken, wenn darin nicht das im Wachen zu viel Verzehrte wieder erstattet würde. Hierdurch wird es nun überaus begreiflich, warum ein lebendiges Wesen im steten Schlafzustande sehr wohl denkbar ist, wie denn auch unser eigenes Nahrungsleben sich in einem steten Schlafzustande befindet, dagegen ein lebendiges Wesen im steten Zustand des Wachens einer baldigen Erschöpfung und damit einem sicheren Tode entgegengeht. Denn das Bewußtsein ist das zerstörende Prinzip des Lebens.«

Wir können uns nicht enthalten, weitere Auszüge aus den gedruckten Vorlesungen dieses viel zu sehr vergessenen Mannes zu bringen: »Nur insofern wir schlafen also, leben wir; sofern wir wachen, beginnen wir zu sterben. Und dennoch gilt uns nur diese Verschwendung unseres Lebens als das wahre Leben, und ein bloßer gar nicht zum Bewußtsein kommender Schlaf als nichts und elend. Das bloße Leben, welches nichts weiter hat als nur sich selbst, verachten wir. Denn der Anfang unseres Sterbens und nur dieser allein ist uns das wahre Leben. So paradox dies auch klingen mag, so ist es doch nichts weiter als eine einfache Tatsache der Physiologie.

So kann jeder Erwachende sagen: Von neuem beginnt mein Gehirn zu sterben. *Dieser positive Tod*, in welchem die *Fragetätigkeit* ihre Behausung hat, ist nicht eine bloße Negation des Lebens, nicht bloß eine das Leben negierende Schranke, sondern eine dasselbe verzehrende Macht. Wir schätzen das Leben nur, indem es in stetiger langsamer Selbstverflüchtigung die Geheimnisse des Todes offenbart und ins Leben setzt. Das Geheimnis des Todes aber ist die Seele.«

Es ist viel über den Leib-Seele-Zusammenhang gerätselt worden. Einer der Zusammenhänge ist der von Fortlage beschriebene. Unzählige Tatsachen des menschlichen Lebens werden erst auf diesem gemeinsamen Hintergrund verständlich: Unser täglicher Wach-Schlafrhythmus mit der antagonistischen Wirkung von seelischem Wachbewußtsein und leiblicher Regeneration, das hohe Schlafquantum des stürmisch wachsenden kleinen Kindes, sein mangelndes Dauergedächtnis in den ersten Lebensjahren, die Heilwirkung des Schlafes nach seelischer Überbeanspruchung, oder umgekehrt: die Giftwirkung jeder künstlich erzeugten seelischen Wachheit durch Genußmittel oder Überwachheit durch Rauschdrogen, die deshalb notwendigerweise physiologisch vergiften.

Nicht minder unzählige Eigenarten der Tierwelt werden ebenso durchsichtig. So ist ein enger Zusammenhang zwischen zunehmender seelischer Verwirklichung und abnehmender Regenerationskraft auf Schritt und Tritt zu beobachten. Niederste Tiere äußern nur wenig und recht einfach ihr dumpfes Empfindungsleben, aber ihr Leib ist auch in Teilen noch voll ausheilbar und kann zu mehreren ganzen Exemplaren wieder auswachsen. Wie anders ein Vogel mit seiner reich differenzierten, vielfältig sich realisierenden Seelenhaftigkeit; er gerade aber kann ein abgeschnittenes Körperglied nicht mehr regenerieren. In vielen Übergängen lassen sich alle Stufen dazwischen verfolgen: Molche können Augen, Arme, Beine und Schwänze nachwachsen lassen; nur in seltenen Fällen sind diese trägen, mimisch ausdruckslosen Gesellen zu einer schwachen Lautäußerung fähig. Die schwanzlosen Lurche wie Frösche und Unken sind seelisch deutlich agiler, lautfähiger und bewegungsfreudiger, reaktionsrascher und so unmittelbar erlebnismäßig deutlich empfindungsfähiger; und im Zusammenhang damit läßt die Regenerationsfähigkeit erheblich nach. Eidechsen, die nächsthöheren Verwandten, wieselflink und sensibel, können noch den leicht abbrechenden Schwanz ersetzen, die Schlangen und Krokodile nur noch etwaig ausgebrochene Zähne. Bei den Vögeln, Säugetieren und dem Menschen ist zugleich mit der reichen seelischen Begabung die leibliche Restitution am geringsten geworden. »Das Geheimnis des Todes aber ist die Seele.« Weil wir beseelte Wesen sind, sind wir sterbliche.

Im Reiche der Pflanzen stehen die Lebensprozesse unter dem gleichen Schicksalszusammenhang. Ohne Sinnes- und Nervenorgane entbehren sie ein eigenes Seelenvermögen. So bilden sie Gestalten aus, die an Größe, Alter und Wiedererneuerungskraft alle empfindungsfähigen Naturwesen weit überragen. Gerade die Bäume sind es, die diese zentrale Seite des Pflanzenwesens, immer weiter zu wachsen, zu sprossen, sich verzweigend zu vervielfältigen – und das Hunderte von Jahren – rein ausleben. Sie bilden in jeder Landschaft den seelisch beruhigenden Hintergrund, der uns entspannt, lockert, ja immer etwas einschläfert. Wenn sie auch im Frühling in verschiedenen Farbtönen ausschlagen und im Herbst in vielen gebrochenen Farben aufleuchten, so sind sie doch den Sommer über von der anonymen, vegetativen Farbe des Grüns beherrscht; selbst die Blüten der meisten Bäume bleiben unscheinbar und oft ebenfalls grünlich.

Wenn wir auf unseren Blütenspaziergängen die Landschaft durchwandern, sind es die kleinen, ein- oder wenigjährigen Kräuter mit ihren kürzeren Lebenszyklen, die rasch unsere Aufmerksamkeit auf sich ziehen und uns unmittelbar seelisch ansprechen: Sie bringen den größten Teil des Blütenkleides der Landschaft zustande. In den kurzlebigen Glockenblumen, Hahnenfüßen, Nelken und Tulpen leuchtet die Blütenpracht auf, die sie selbst nicht größer wachsen läßt. Es sind die Wiesen, Wegraine und Waldränder, schon weniger die Strauchregion und am wenigsten die Waldbäume, die uns den Blütenzauber schenken. Wenn auch nicht als starre Regel, so gilt doch zumeist, daß mit der zunehmenden Blütenkraft die Wachstumskraft abnimmt, und umgekehrt. So ist es nicht von ungefähr, daß unsere meisten Waldbäume (Eichen, Buchen, Birken, Erlen, Weiden, Pappeln, Ulmen) botanisch zu der Gruppe der »Kronenlosen oder Einfachblumenblättrigen« (Apetalae, Monochlamydeae) gehören. Andere einheimische Bäume zeigen ebenfalls unauffällige Blüten, so unsere Esche, die Linden, Platanen und die Ahorne, von den urtümlichen Nadelbäumen gar nicht zu reden.

Es gibt zwar auch unter den Kräutern blumenfarbenarme wie die Gräser und bei den Bäumen blütenstarke wie die Kirschen, Äpfel, Birnen, die Robinie, Roßkastanie und die Magnolien. Soweit nicht vom Menschen erst zur Baumform gezüchtet (die wilden Holzäpfel und -birnen sind dornige Sträucher) oder ein urtümlicher Rest einer vorzeitlichen Pflanzenwelt (Magnolien) sind diese Ausnahmen um so interessantere Rätsel, die zum Überdenken auffordern. Gehen wir zu unserem Hauptthema, der Organologie der Blüte zurück, so zeigt sich der geschilderte Zusammenhang in seiner ganzen Strenge. Was ist denn das Charakteristische in der Gestaltung jeder Blüte?

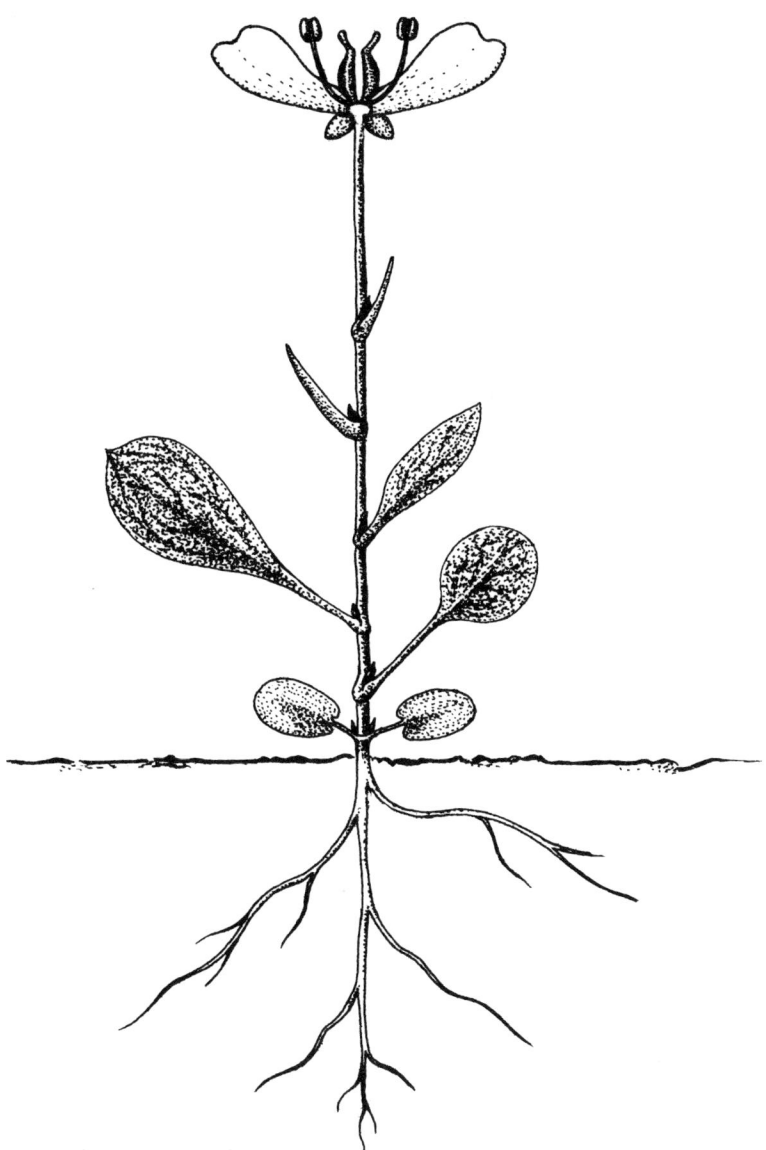

Abb. 53: Die Gestalt der höheren Blütenpflanze als Ergebnis ihrer verschiede-nen Wachstumsmöglichkeiten.

81

Die drei Hauptbereiche, in die sich die höhere Pflanze differenziert, sind die Wurzeln, die Vegetationsorgane und der Blüten-Frucht-Bereich. In jedem dieser Bereiche wächst die Pflanze anders. Eine lebende Wurzel hat die Eigenart, unentwegt weiterzuwachsen, solange sie Kontaktorgan zum Boden ist. Gleichförmig verlängern sich die Wurzelspitzen, verzweigen sich und wachsen vermehrt weiter. Nur an diesen frischgewachsenen Stellen gleich hinter den Endspitzen ist die Wurzel durchlässig für die Substanzaufnahme; bald dahinter verholzt die Wurzelrinde. Nur wo also das Wurzelsystem wächst, kann es seiner saugenden Aufgabe nachkommen. Jede Wurzel ist ein sich stetig verlängerndes Achsenorgan, das zwar Verzweigungen, aber keine abgesonderten Seitenorgane bildet. Wo sich seitliche Schuppen an den bleichen unterirdischen Organen wie etwa bei der Anemone finden, handelt es sich eben um keine Wurzel, sondern um einen unterirdischen Sproß mit seinen Niederblättern, den man Wurzelstock nennt, weil erst aus ihm die echten Wurzeln abgehen.

Polar dazu wird jede Blüte dadurch zur Blüte, daß in ihr das Spitzenwachstum des Achsenorganes endgültig stagniert. Die Blüten entstehen immer dadurch, daß sich die Sproßachse zurückstaut. Schopfartig sammeln sich dafür vielzählige Seitenorgane als Kelch-, Kron-, Staub- und Fruchtblätter am zu Ende gekommenen Sproßgipfel. – Diese polaren Wachstums- und damit Gestaltungsweisen verschmelzen zu einer echten Rhythmik im grünen, eigentlichen vegetativen Bereich der Pflanze: Ist der Stengelsproß ein Stück aufgewachsen, so hält er an, verdickt sich zum Knoten (Nodium) und entläßt die Seitenorgane in Form eines oder mehrerer Laubblätter und ihrer Achselknospen. Dann streckt sich die Pflanze wieder im Sproßwachstum, um in der nächsten Knoten-, Blatt- und Achselknospen-Ausbildung wieder anzuhalten. Rhythmisch lebt sie in ihrer Mitte durch Streckung (Internodium-Bildung) und Stauchung (Nodium-Bildung), durch Ausdehnung und Zusammenziehung in fortwährender Wiederholung (s. Göbel 1974/5).

Aus einer solchen gestaltdynamischen Analyse eröffnet sich uns ein intimeres Verständnis davon, was es mit der Blüte auf sich hat: Sie entsteht durch den endgültigen Tod des bloßen Weiterwachstums. Im Ersterben des Sproßgipfels leuchtet die Farbigkeit der Blüte auf. So wird im Pflanzenreich überall in jeder Blütenfarbe sichtbar, was wir im eigenen Seelenraum unsichtbar, aber existentiell kennen: das seelisch Anmutende, Erlebbare tritt dort auf, wo die Lebensvorgänge zurücktreten. Nun erst wird unser seelisches Verhältnis zur Pflanzenwelt verstehbar, unser Erleben der Blütenwelt unserem Denken durchsichtiger. Vor jeder Blüte kann sich die menschliche Seele bildhaft sagen: Das bist du.

Abb. 54: Durchwachsene Rosenblüte, die Goethe farbig nachzeichnen ließ (aus Hansen).

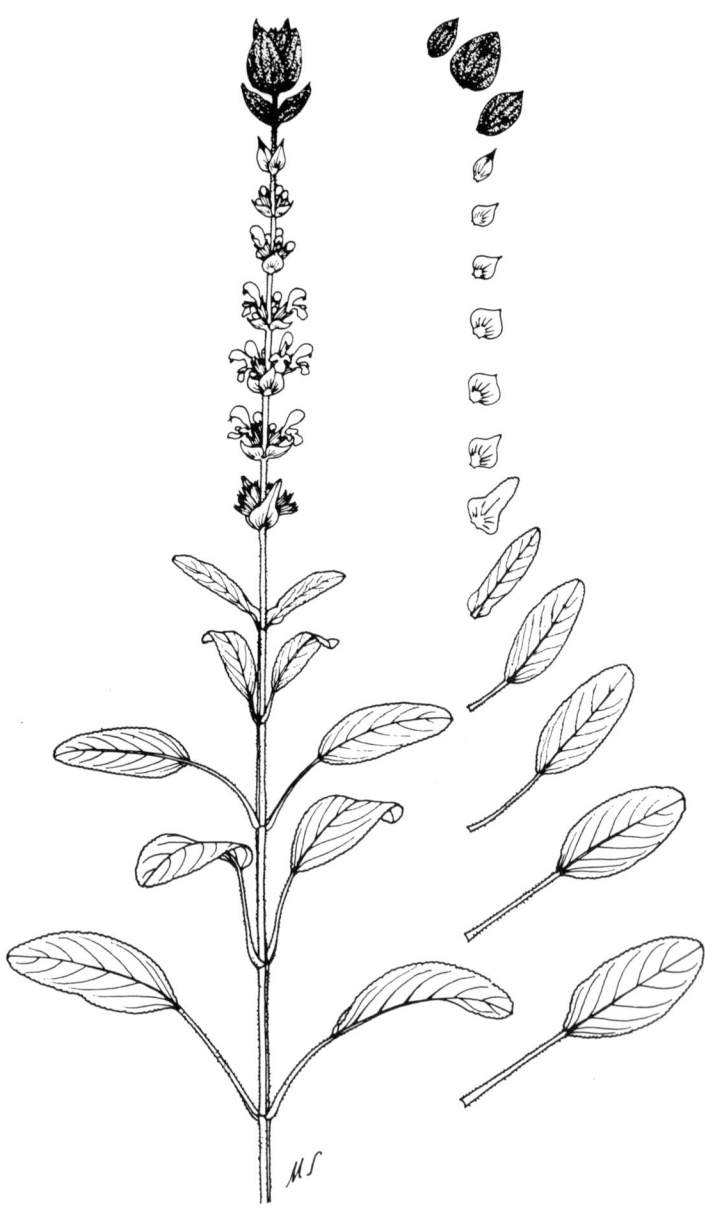

Abb. 55: Der Scharlachsalbei mit seinen farbigen Gipfelblättern (aus Gut).

Nur selten gibt es durchwachsene Blüten. Die dabei wiederum vergrünenden Seitenorgane zeigen um so sprechender, was geschieht, wenn die Blütenbildung nicht gelungen ist. Goethe ließ eine durchwachsene Rose einst nachzeichnen, sah er doch in einer solchen Bildungsabweichung nicht etwas Krankhaftes, sondern die sichtbare Verwirklichung dessen, was sonst allein die Idee folgern kann. Was sonst zu Kelchblättern geworden wäre, ist zu vollausgebildeten Laubblättern geworden, was sonst zu Staubblättern, ist am weitergewachsenen Sproß zu kleinen rotfarbenen Kronblättern, was zu Fruchtorganen, zu grünen Laubblättern geworden. Der vegetative Prozeß gewann wieder die Oberhand.

Ebenso eindrucksvoll ist der geradezu umgekehrt liegende Fall. Bei der normalen Form des Scharlachsalbeis (Salvia viridis ssp. horminum) aus den Mittelmeerländern endet der Sproßgipfel ohne Blütenorgane (Abb. 55). Der oberste Blattschopf ist trotzdem leuchtend bläulich-rot gefärbt und auffällig verbreitert. Er ist vom gleichen Motiv des aktiven Wachstumendes ergriffen und wirkt so wie eine Blüte. Ähnliches findet sich auch beim Schopflavendel (Lavandula stoechas).

Unser praktisches Tun im Hausgarten, in der Gärtnerei, in der Landwirtschaft wird vom gleichen Zusammenhang bestimmt. Nicht am ausgewachsenen Langtrieb, sondern am Kurztrieb fruchtet das Obst. Treibt ein Obstbaum zu wenig Blüten und Früchte und zuviel Wasserschößlinge, so schneidet man diese zurück. Ein ausgewachsener Pfirsichbaum, der von einer nebenan aufwachsenden Eibenhecke langsam vergiftet wurde, quoll über von Blüten und Früchten. Jeder Gärtner kennt diesen Zusammenhang und weiß ihn handzuhaben. Nicht nur Rückschnitt und Ringelung, Trockenhaltung und kleine Blumentöpfe regen die Blütenbildung an, sondern auch Kälte, ja sogar Frost. Für unseren Winterroggen liegt die beste Reiztemperatur bei +4°C. Unsere Schwertlilien blühen nur, wenn ihre Wurzelstöcke im Winter durchfrieren. Und schon im letzten Jahrhundert berichtete der deutsche Naturforscher Fritz Müller aus Brasilien, daß unsere zweijährigen Gewächse wie Kohl, Petersilie und Kümmel dort nicht blühen, weil ihnen die Kälte dazu fehlt. Beim Fingerhut unserer Nadelwälder, der Zuckerrübe auf den Feldern und vielen anderen zweijährigen Pflanzen, die im ersten Jahr ihre kräftigen Blattrosetten und Pfahlwurzeln ausbilden, bewirkt der erste Winter den Blütenprozeß im zweiten Sommer.

Blütenbildung heißt bei jeder Pflanze immer zuerst einmal Wachstumsende. Es gibt zwar vegetativ normal überwachsene Blütenstände wie bei der Goldnessel unserer Laubwälder, der Kaiserkrone im Garten oder der bekannten Ananas aus Mittelamerika mit ihrem Gipfelschopf. Aber die Einzelblüte wie auch die Überblüte ist immer Sproß-Ende. Was in der

Lebensnatur des Menschen und der Tiere als leib-seelischer Zusammenhang faßbar ist, bestimmt auch die pflanzliche Gestalt.

Gibt es denn aber in der Pflanze ebenfalls Seele? Bekannte Naturforscher wie Fechner und Francé waren zu ihrer Zeit davon überzeugt, viele gleich angesehene wiederum nicht. Welche der beiden Haltungen ist wirklichkeitsgemäßer? Diese Frage stellt sich nun neu.

Wenn wir unmittelbar beobachten, wie sich eine Pflanze vor uns phänomenal gibt, so können wir niemals ein *eigenes* Empfindungsleben, etwa wie bei einem Tier, feststellen. Dieses zeigt in allen mehrzelligen Formen Nervenorgane. Aber selbst die Blattbewegungen der tropischen Mimosa pudica und unseres Sonnentaus oder die Staubblattbewegungen der Kornblume, Berberitze oder der Zimmerlinde, sie beruhen nicht auf Nervenleitung und Muskelaktivität, sondern auf der Reaktionsfähigkeit des Zellplasmas, wie es jede Zelle primär besitzt. Die Einzelpflanze besitzt ebensowenig eine Einzelseele wie eine Leberzelle für sich im Leib des Menschen oder eines Tieres.

Und doch mutet uns der Eindruck einer grünbräunlich geäderten Tollkirschenblüte im Waldesdunkel so ganz anders an als die pfirsichblütene Heckenrose im Lichte vor dem Waldesrand, daß wir uns absichtlich blind machen müßten, wenn wir die seelische Qualität der Erscheinung nicht wahrhaben wollten. Sie zeigt sich gerade an den Blüten. Und damit hängt ja auch zusammen, daß wir, um uns Freude zu machen, nicht grünbeblätterte Baumzweige oder Grasbüschel schenken, sondern buntfarbige Blumensträuße.

Kurz vor der italienischen Reise, auf der ihm dann die Metamorphose der »Urpflanze« zur Erfahrung wurde, bestieg Goethe um Johanni 1785 mit mehreren Freunden das Fichtelgebirge. Am höchsten Berg desselben, dem über tausend Meter hohen Ochsenkopf, stieß er in einem Moor auf den Sonnentau, jene insektenverdauende Pflanze, die mit den sich einkrümmenden Blattauswüchsen ihre Beute festhalten kann. Einer der Begleiter, der spätere Gartendirektor von Eisenach, Friedrich Gottlieb Dietrich, berichtete davon, wie sich Goethe »über die wunderbare Gestalt und regelmäßige Stellung der mit reizbaren Drüsenhaaren bekränzten Blätter« und »über die Reizbarkeit der Pflanzen im allgemeinen« aussprach (Cohn). Ansonsten hielt Goethe sich zu diesem Thema sehr zurück. – Darwin hingegen, den diese Pflanze später intensiv beschäftigte, suchte in allem Ernst mit dem Mikroskop in ihr nach Muskeln und Nerven und nannte sie, auch ohne daß er solche fand, in einem Brief ein »scharfsinniges Tier« (Francé).

Vor Anbruch der Neuzeit erlebten alle Völker die Natur durchseelt. Im Verlauf der letzten Jahrhunderte haben wir uns von dieser mythisch-naturhaften Verbindung mit der Umgebung gelöst. Solch ein Bruch zwischen uns und der außermenschlichen Natur war historisch notwendig, weil der Mensch nur so ein eigenständiges Urteilsvermögen entwickeln konnte, wenn auch mit der Naturentfremdung ein Stück Wirklichkeitserfahrung verlorenging. Wo wir nun die volle Fähigkeit des Selbstbewußtseins erreicht haben, tritt das originäre Bedürfnis auf, Seelisch-Geistiges auch wiederum als Weltinhalt zu erfahren. Allenthalben tauchen mit einer tiefen Berechtigung derartige Bestrebungen auf. Doch lauern hier wie in jedem Neuland Gefahren. Die bloße Ablehnung der natürlichen Seite der Welt, weil die geistige »viel wichtiger« ist, führt zu einer Art von geistigem Snobismus. Der Rückfall in die früheren, naturverbundenen Bewußtseinszustände, die doch nicht mehr wirklich erreichbar sind, landet leicht in einem nebulosen Primitivismus mit seiner Sehnsucht nach dem »vollen Leben«. Der ideologische Materialismus verdrängt das Problem einfach, indem er seine ganze geistige Anstrengung dafür einsetzt, darzutun, daß es nichts Geistiges gäbe.

So wird es unabdingbar wichtig, sich einen bewußten, nicht subjektiven Zugang zur außermenschlichen Seelenhaftigkeit der Natur zu erwerben. Und dazu hilft der Einbezug der gesicherten Erfahrungen und Abklärungen der Naturwissenschaft ebenso wie die innere Disziplinierung und die konkreten Beschreibungen durch die Anthroposophie. Von Seele oder Geist zu reden hat ja keinen Sinn, wenn man nicht auch hier konkret differenzieren kann. Das lernen wir zuerst an uns selber. Üben wir uns darin.

Jeder Mensch ist sich im Wachzustand der Realität seiner seelischen Präsenz persönlich bewußt. Wenn wir einschlafen, verebbt dieses Bewußtsein, um im Erwachen wieder neu einzusetzen. Sind wir derweil im Tiefschlaf seelisch nicht mehr vorhanden? Hier ist uns die persönliche seelische Realität für unser Normalbewußtsein ebenso verschleiert wie die außermenschliche Seelenhaftigkeit in der Natur. Aber auch hier gibt es für die intimere Beobachtung reiche Grenzerfahrungen. Die eine, noch etwas äußerliche, ist die unseres erhaltenen Gedächtnisses vom Gestern. Es hilft uns zu wissen, daß wir der gleiche sind wie der vom Vortage.

Aber auch das Schlafgeschehen selbst wirft manche Erlebnisse an die Schwelle des Tagesbewußtseins. Jeder kennt die morgendliche Erfahrung, schlecht geschlafen zu haben oder gut ausgeschlafen zu sein. Der schlechte Schlaf kann ganz verschieden durchgemacht werden. Eine Möglichkeit ist die, erschöpft und überarbeitet in abgrundtiefen Schlaf zu fallen und doch nach sieben oder acht Stunden unerquickt mit dem Gefühl aufzuwachen, eben gerade erst eingeschlafen zu sein. Vom Einschlafen bis zum Aufwachen blieb der unbestimmte Eindruck eines völligen »Blackout«. Man hat einen passiven Schlaf hinter sich. Zur Erholung während des Schlafes gehört nicht nur der Bewußtseinsausfall, sondern ein erquickender Schlaf endet mit einem nachklingenden Erlebnis einer starken Anregung. Auch wenn man sich meist an nichts erinnern kann, bleibt oft ein Gefühl, viel durchgemacht, erlebt, aufgearbeitet und verarbeitet zu haben. Der inhaltlich nicht mehr zu differenzierende Eindruck klingt nach, selbst aktiv gewesen zu sein, seelisch aktiv geschlafen zu haben. Die physiologische Schlaf-Forschung hat ebenfalls reiches Material gefunden, daß der gesunde Schlaf nicht, wie bisher angenommen, nur der Zustand maximaler Entspannung und Ruhe ist (Strauch). Gesunder Schlaf ist leiblich und seelisch ein aktives Geschehen, und der Unterschied zum Wachen liegt allein in der Andersartigkeit seiner Aktivität.

Im seelischen Bereich können wir diese Andersartigkeit erst einmal an den Grenzerfahrungen abtasten: Die Erinnerungsfähigkeit wird für diese Zeit ebenso aufgehoben wie unser bewußt kontrollierbares Raum- und Zeiterleben, die Sinneswahrnehmungen werden stufenweise auf ein Minimum eingeschränkt und damit der mit Bewußtsein erfüllbare Kontakt zur sinnlichen Umwelt. Offensichtlich löst sich die enge Bindung des Seelenvermögens an das Sinnes- und Nervensystem, insbesondere des Gehirns. Damit gerade setzen die gehirngebundenen Bewußtseinsprozesse aus, die weitere seelische Betätigung ist von diesen nicht mehr verfolgbar. In der anthroposophischen Forschung, die ihre Resultate stufenweise erweiterten Bewußtseinsfähigkeiten verdankt, finden wir nun ebenso detaillierte Angaben über die seelisch-geistigen Vorgänge im menschlichen Schlaf, wie die physiologische Forschung sie von den organisch-leiblichen geben kann. Sie sind auch für unser normales, gehirngebundenes Tagesbewußtsein durch die angedeuteten und ähnliche Schwellenerfahrungen ahnend nachzuvollziehen.

So schildert Rudolf Steiner (1910), wie mit der Ablösung der Seele vom Nervensystem im Schlaf diese sich auch vom übrigen leiblichen Organismus trennt und damit die durch den Leib vermittelte Erfahrungswelt bei jedem Einschlafen verliert. Sie dehnt sich nun in die überindividuelle Geistigkeit des Weltganzen, und zwar weit über die Lebenssphäre der Erde in den Kosmos aus. In der umfassenden Weltgeistigkeit findet sie die Kräfte, welche die schädlichen Folgen aus der Eingeschränktheit des Tagesbewußtseins und seiner unverarbeiteten Eindrücke wiedergutmachen, ergänzen und ausgleichen. Die seelische Eigenaktivität lebt in der Aufnahme der den Geistkosmos erfüllenden Urbilder. Diese bringt die Seele im weiteren Schlafverlauf mit zurück in den Organismus, der sich durch sie neu ordnen und funktionsfähig wiederherstellen kann.

Außer der bekannten Tagseite besitzt die Seele offenbar ebenso eine reale Nachtseite. Beide Seiten des Seelenlebens ergänzen sich, denn sie haben deutlich ein polares Verhältnis zum Leib. Die eine Seite ist während des Tagesbewußtseins vorzüglich an das Sinnes-Nerven-System gebunden und erfährt im sinnlichen Kontakt mit der physischen Welt Lust und Unlust, Begehr und Antipathie, Befriedigung und Frustration. Rudolf Steiner nannte diesen Emotionalbereich der Seele ihren »Empfindungsleib«; »Leib«, weil er etwa ab der Pubertät sich deutlich wahrnehmbar so selbständig von dem bisherigen seelischen Milieu der Eltern und Erzieher löst, wie der physische Leib bei der Geburt von der physischen Mutterhülle. Dieser Empfindungsleib ist nun nachts ganz anders tätig. Er lebt dann in den übersinnlichen kosmischen Urbildern der Weltgeistigkeit. Rudolf Steiner sprach von ihm deshalb auch als dem »Astralleib« = Sternenleib, eine alte Bezeichnung, in der diese Nachtseite der Seelentätigkeit angesprochen ist. Und diese Nachtseite der Seele wirkt auf den Organismus nun nicht abbauend, sondern aufbauend zurück.

Wie die Tagseite des Astralleibes den physiologischen Abbau über das Sinnes-Nerven-System vollzieht, so die Nachtseite den physiologischen Aufbau über die sogar noch tags ganz unbewußt arbeitenden Stoffwechselorgane. Auch sie sind durchseelt, aber nicht von der Tagseite des Astralleibes wie Sinne und Nerven, sondern vom seelischen Tiefschlaf seiner Nachtseite. Und so wie sich die Tagseite an der sinnlichen Außenwelt wach orientieren muß, um sich in Raum und Zeit zurechtzufinden, so die Nachtseite im Vollschlaf am übersinnlichen Kosmos, um das menschliche Leben in den umfassenderen Kräftezusammenhang des Weltganzen einzugliedern und dadurch zu ordnen.

Gerade auf der Tätigkeit der Nachtseite des Astralleibes beruht die Koordinierung, Integration und Synchronisation der einzelnen Organprozesse zur funktionsfähigen Ganzheit des Organismus. Wo diese Seelentätigkeit herabgesetzt ist, tritt Desintegration, Dystonie und Dysregulation auf, wo sie gar aussetzt, ungeordnete Vitalität in der hemmungslosen Wucherung der Geschwulstkrankheiten, an denen die mangelnde Abstimmung der Leibesvorgänge am schwerwiegendsten in Erscheinung tritt. Die Entdeckung spezieller psychischer und biographischer Eigenarten bei Krebskranken mit dem Vorherrschen der Charakteristika der seelischen Tagseite wird so in diesem Zusammenhang erst verständlich (Grossarth, Schöffler). Aufbau und Abbau des eigenen Organismus sind beides Tätigkeiten, in die wir unbewußt und bewußt seelisch aktiv eingewoben sind und die wir dadurch letztlich mitvollziehen.

Wenden wir uns nun wieder der Pflanzenwelt zu mit der Beobachtungsfülle, den Empfindungen und den Denkmöglichkeiten, die sie in uns angeregt hat. Die Pflanze ist reines unbewußtes Leben. Sie offenbart keine Seele. Und doch: wie seelenähnlich berührte uns manches an ihr, am meisten wohl ihre Blütenschönheit. Diese hat uns ja zu den Blütenspaziergängen angeregt.

Das Rätsel um das Seelische in der Pflanzenwelt löst sich in der Darstellung Rudolf Steiners, indem er davon spricht, daß die Blüten uns seelisch so anrühren, weil sie selbst seelischen Wirkungen entspringen. Aber er beschreibt dabei, daß sich hierbei nicht irgendeine Einzelseele der betreffenden Pflanze zur Geltung bringt, sondern die Seelenhaftigkeit der Erde als Ganzes, ihrer Zonen, ihrer Landschaften. So wie ein einzelnes Organ am menschlichen Leibe kein eigenständiges Seelenleben für sich besitzt, sondern immer an dem Gesamtmenschen teil hat, so die Einzelpflanze an der seelischen Tingierung der Landschaft, deren sprechender sichtbarer Ausdruck sie ist:

»Die Pflanzenwelt ist die sichtbar gewordene Seelenwelt der Erde, und daher mit dem Menschen zu vergleichen. Aber man soll nicht bloß vergleichen, sondern die wirklichen Formen der Pflanzen hineinbekommen. Erst aus dem Gesamtvergleich kann man zu den einzelnen Pflanzen kommen. Ein leises Schlafen werden Sie vergleichen mit den gewöhnlichen Pflanzen, ein Wachen während des Schlafes mit den Pilzen – wo viele Pilze sind, da ist eine Stelle, wo die Erde wacht während des Sommers – ein gründliches, tiefes Schlafen mit den Bäumen. Daraus ersehen Sie, ... daß die Erde an verschiedenen Stellen mal mehr schläft, mehr wacht, mehr schläft, mehr wacht. So auch der Mensch, der ja im Auge und in den übrigen Sinnesorganen gleichzeitig nebeneinander hat Schlafen, Wachen und Träumen« (Steiner 1919).

Wie können wir solche ins einzelne gehenden Aussagen verstehen? Durch all das bisher Betrachtete. Die Bäume sind es, die – zumeist unscheinbar in der Blüte – am reinsten die Lebenskraft der Pflanzenwelt demonstrieren. In ihrer mächtigen Aufbauleistung bilden sie als Wälder selbst Landschaft in der Landschaft, diesen machtvollen und doch in seinem gleichförmigen Grün neutral zurücktretenden Hintergrund, der uns einhüllt, lockert, entspannt. Hier erholt sich die Atemhülle, der Wasserhaushalt, der Humusgrund der Erde. In den weitgespannten regungslosen Buchenhallen, an einem stillen, heißen Hochsommermittag, empfinden wir den Tiefschlaf der sich regenerierenden Erde. Die gewaltigen Holzmassen sind das sichtbarste Zeichen des geleisteten organischen Aufbaus.

Anders die Blumen. Sie tragen die vielseitigen Merkmale naturseelenhafter Berührung. Sterbendes Sproßwachstum und farbiges Aufleuchten in den Blütensternen werden zur Physiognomie der im Halbschlummer träumenden Erdenastralität. Auch in dem kleinen Wuchs der meisten blütenstarken Blumen kommt die abbauende Seite des Astralen anfänglich zur Geltung. – Astrales lebt sich im Menschen immer in Sympathien und Antipathien aus. Walther Bühler hat in einem Vortrag »Hat die Pflanze eine Seele?« darauf aufmerksam gemacht, wie dieser Gegensatz in vielen Stufen auch in der Blütenwelt seinen nur viel keuscheren Ausdruck findet. So sind die strahlig gebauten radiär-symmetrischen Blüten zum ganzen Umkreis hin rückhaltlos offen. In ihnen erscheint das pflanzliche Seelenbild der uneingeschränkten Sympathiefähigkeit. Dagegen »bei den zweiseitig-symmetrischen Blüten ist eine Hälfte der Blüte spiegelbildlich zur anderen gestaltet, wie bei dem Stiefmütterchen oder dem Löwenmäulchen. Es sind die Blüten, die den Betrachter unversehens an ein Gesicht erinnern ... Das ist stets mit einer Abwendung vom kosmischen Umkreis verbunden und zeigt so den Einschlag der Antipathiekräfte im Sinne der Verselbständigung und Loslösung aus dem höheren Ganzen.«

Wachbewußtsein bildet die Natur in den völlig abbauenden Lebensvorgängen der dissimilierenden Wesen, wie es zum einen die Tiere sind, aber fernerhin auch die dem Landschaftsorganismus zugehörigen dissimilierenden Pflanzen, die Pilze, Protozoen und Bakterien. Sie sorgen für die unentwegte Rückverwandlung aller anfallenden organischen Substanz in einfachere, vielfach sogar anorganische Stoffe (H_2O, CO_2, NH_3). Die Landschaft erstickte in Leichen, wenn jene nicht die Rückbildung regelten.

Hier herrscht Weisheit. Man betrachte einmal jene Insekten, die dabei tätig sind. Unter den Fäulnis, Dung und Kadaver liebenden Arten finden wir zum Beispiel den Ohrwurm, die Mistkäfer, den Skarabaeus und die Totengräberkäfer. Während die meisten Insekten an irgendeiner passenden Stelle ihre Eier ablegen und sich danach nie mehr um ihre Nachkommenschaft kümmern, findet sich gerade bei jenen eine zumeist außerordentlich sorgfältige, komplizierte und sinnreiche Brutfürsorge und Brutpflege. Wir beobachten, daß bei diesen unansehnlichen, für den Menschen oft unsympathischen Wesen die intelligentesten Verhaltensformen auftauchen (Schad). Aber bei aller verblüffenden Intelligenz zeigt näheres Studium, daß der Käfer selbst gar keine individuelle Einsicht in die von ihm bewältigten Situationen hat. Nicht sein eigenes Bewußtsein ist hier tätig, sondern durch ihn die im Abbau freiwerdenden Kräfte seines Milieus.

Man darf auch damit zusammensehen, daß unser menschliches Bewußtseinsorgan, das Gehirn, am meisten dem physiologischen Abbau unterliegt. Es hat die kürzeste Überlebenszeit nach Unterbrechung der Blutzufuhr und kann nur dadurch unser Wachbewußtsein vermitteln, daß es – drastisch gesprochen – immer kurz vor dem Vermodern ist. Der den bakterienreichen Dung rollende Skarabaeus war den Ägyptern heilig. Sie legten sein Abbild aus Lapislazuli an Stelle des Herzens in die Pharaonenmumie. War ihnen noch etwas von diesem Bewußtsein der Natur vertraut?

Allen farbigen Blütenorganen ist die Fähigkeit der Assimilation verlorengegangen, auch sie dissimilieren immer. Auf einer höheren, verwandelten Stufe geschieht hier nun im Licht als leiser Anklang etwas Ähnliches, was sonst die Pilze im Dunkeln ausleben. Die Weisheit vieler »staatenbildenden« Insektengemeinschaften wie die der Bienen und Wespen lebt davon; während die Ameisen sich wieder mehr an die Kadaverbeseitigung und die Termiten an ihre Pilzzuchten halten. Aber auch im Blütennektar spielt die darin vorkommende Blütenhefe (Anthomyces reukaufii) als Pilz eine bedeutende Rolle für die Bienen und Hummeln (Goetze, Hautmann).

Wenden wir uns zum Schluß wieder der Gestaltbetrachtung zu. Man nennt die Pflanzengestalt gerne einen offenen Organismus gegenüber der geschlossenen Organisation der Tiere, wendet sie doch die Lebensorgane, die das Tier in seinen Leibeshöhlen verbirgt, der Umwelt zu. Schon der Sproß verzweigt sich zumeist. Das charakteristischste Organ aber ist das Blatt. Ganz Fläche, mit dem Verzicht auf Weiterwachstum, ist es reine Hingabe an alles andere. Es ist so schon von besonderem Aussagewert, wie jeder Pflanzenkeimling seine allerersten Blätter gestaltet.

Der französische Botaniker Jussieu war es, der 1789 darauf die erste natürliche Gruppierung der Blütenpflanzen begründete. Er unterschied zwischen denen mit einem und denen mit zwei Keimblättern (= Cotyledonen), den Monocotyledonen und den Dicotyledonen (Abb. 56). Das einzige Keimblatt der Monokotyledonen tritt interessanterweise nie in der freien Luft über der Erde zutage. Es bleibt in der dunklen Samenschale als ein kleines Saugorgan verborgen, das den mitgebrachten Nahrungsproviant aufnimmt und dem wachsenden Keimling zuführt (Cotyledo heißt Saugorgan). So wachsen die Keimlinge aus dem Samen der Lilien, Tulpen, Hyazinthen, der Amaryllen und Bromelien (Ananasgewächse), der Sauer- und Süßgräser, um nur einige typische Formen zu nennen.

Die Mehrzahl von ihnen bleibt zeitlebens krautig-klein und verbirgt sich außerhalb der Vegetationsperiode in Zwiebeln und Knollen. Der Außenraum wird nicht recht ergriffen. Die Sprosse verzweigen sich wenig, und auch das Blatt wird fast nie aufgegliedert. Sie verholzen zumeist nicht. Nur unter tropischen Extrembedingungen werden einige Formen

Abb. 56: Die Keimlinge der Ampelpflanze (Tradescantia) mit einem Keimblatt (c), der Hainbuche mit zwei und der Fichte mit sechs Keimblättern als Beispiele der Einkeimblättler, Zweikeimblättler und »Vielkeimblättler«.

groß, aber doch in ihrem Organisationstyp keine wirklichen Bäume (sekundäres Dickenwachstum fehlt), sondern nur gigantische Kräuter, wie die Bananenstauden und Palmen. Dafür finden sich bei vielen die farbig leuchtendsten und prunkvollsten Einzelblüten! Darum griffen wir aus dieser Gruppe auch den Blaustern heraus, um die ideale Einzelblüte zu demonstrieren. Besonders aber sind es die Orchideen, die die Blüte bis hin zu bizarren und berückenden Formen mit jenem Farbenschmelz steigern, dessen Zwischentöne nicht zu beschreiben sind. Dabei sind sie so wurzelschwach geworden, daß sie in den Tropen meist den Boden meiden, auf Bäumen wachsen und ebenso wie unsere europäischen Erdorchideen nur noch mit Hilfe von Pilzen leben können!

Für unser Thema ist es nun recht vielsagend, daß die typischen Einkeimblätter kaum Überblüten hervorgebracht haben. So gerade noch die schopfige Träubelhyazinthe (Muscari comosum), ein schmuckes Wein-

bergbeikraut (Abb. 57a). Ihre schopfig gehäuften, lang gestielten Endblüten, die steril bleiben, bilden zusammen eine auffällige »Schaublüte«
über dem fruchtenden Blütenstand. – Viel charakteristischer sind dagegen die Schwertlilien (Abb. 57b). Sie formen sogar umgekehrt aus jeder
anlagemäßigen Einzelblüte drei seitliche Blütenöffnungen auf einmal;
ein aufschlußreicher Fall, daß hier selbst eine radiäre Blüte das zygo-
morph-antipathische Element zur Geltung zu bringen vermag und es dabei zugleich vervielfacht.

Polar zu ihnen stehen die Nadelbäume. Sie werden meist zu Bäumen
und verholzen schon im Blatt. Wenn sie nun keimen, entfaltet die Mehrzahl von ihnen sogleich viele Keimblätter auf einmal, die sich, im Kreis
gestellt, zum Licht radförmig ausbreiten; bei unserer Tanne sind es meist
fünf, bei unserer Fichte sechs bis neun, bei der Pinie sogar zwölf »Keim-
nadeln«. Die höchste Zahl zeigt die amerikanische Nußkiefer (Pinus
sabineana) mit 15–18 Cotyledonen. Der Goethe so nahestehende Botaniker Voigt aus Jena nannte die Nadelbäume 1811 noch die Vielkeimblättler, die Polycotyledonen. Hier herrscht mächtiger vegetativer Aufbau,
der Licht, Kohlensäuregas und Wasser zu Holz im Überschuß verdich-
tet. Ihre Blüten sind klein, nur schwach farbig überhaucht, und verholzen zur Fruchtreife ebenfalls. Aber was noch wichtiger ist: sie häufen
sich zu dichtgedrängten Blütenständen zusammen, die zu den Nadel-
baumzapfen werden. Diese unscheinbaren Gebilde sind echte Überblüten, Pseudanthien. Ein Zapfen ist nicht etwa eine Einzelblüte mit noch
spiralig gestellten Staub- oder Fruchtschuppen, wie man früher lange an-
nahm, sondern ein zur geschlossenen Form gebrachter Blütenstand
(Strasburger). An den Lärchenzapfen, noch besser bei den Zapfen der
Weißtanne und Douglasie, sieht man tatsächlich Deckschuppen als Tragblätter der Fruchtschuppen, die hinwiederum bloß gestaute, abgeflachte
Seitensprosse sind und nun alle jene Organe reduziert haben, die sich in
der Blüte sonst zur Schau stellen. Nicht der eigenen Erscheinung, sondern der kommenden Generation wird auf den Weg geholfen. Etwas zu-
tiefst Soziales klingt hier im Naturbild auf. Sahen wir nicht bei allen
Pseudanthien, daß sie immer dadurch entstehen, daß die Einzelorgane
anstelle ihrer eigenen Vollständigkeit der Ordnung des übergreifenden
Ganzen den Vortritt lassen?

Die botanischen Wissenschaften fanden bei ihren Fragen nach der Herkunft der Blüte zwei Möglichkeiten. Es gab ebensoviel Anhalte dafür,
daß die Einzelblüte als ein Sproß-Ende, welches der Fortpflanzung dient,
die Urform der Blüte sei, wie dafür, daß die Urform ebensogut ein ver-
vielfältigtes Sproß-System, ein Blütenstand sei. Das eine nennt man die
Euanthium-Theorie, das andere die Pseudanthium-Theorie. Welcher

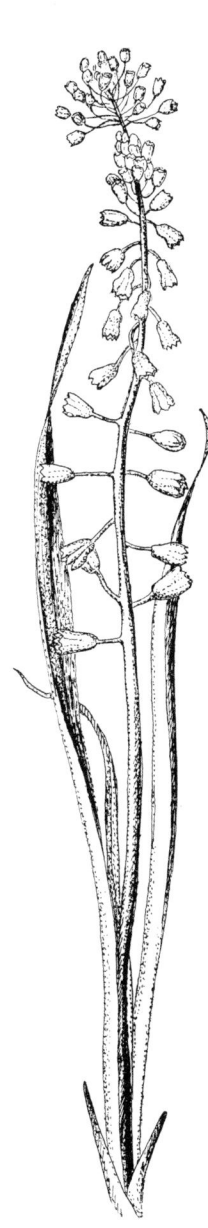

Abb. 57a (links): Die Schopfige Träubelhyazinthe
bildet über den fruchtenden Einzelblüten einen Gipfelschopf stark gefärbter, jedoch steriler Blüten, einer der
wenigen unvollkommenen Ansätze zur Überblüte
bei den Einkeimblättlern (nach Hegi und Kerner
von Marilaun).

Abb. 57b (rechts): Die Sibirische Schwertlilie ist trotz
ihres Namens auch im mittleren und südlichen
Deutschland zu Hause. Sie liebt Sumpfwiesen und
Übergangsmoore. Die Einzelblüte hat drei seitliche
Blütenöffnungen ausgestaltet.

Sicht soll man den Vorzug geben? Oder geht es hier gar nicht um eine echte Alternative? Die auffallenden Blüten vieler Einkeimblättler und die Sammelblüten der Nadelbäume repräsentieren zwar die polaren Seiten, aber eben doch zwei Seiten des gemeinsamen Blühprozesses.

Die Antwort finden wir, wenn wir im Blühen der Pflanzen den Seelenausdruck der Erde wiederentdecken. In den Einzelblüten mit ihrem massiven Wachstumsstopp und dem vielfach auffälligeren Äußeren lebt mehr die abbauende Seite des Seelischen, seine »Tagseite«. Die Überblüten hingegen entstehen dadurch, daß sie die umfassendere Ordnung, die alles Getrennte übergreift und integriert, zusätzlich aufbauen. Hier wirkt die schlafende, über den Abbau hinaus vermehrt ordnende »Nachtseite« der Erdenseele. Sie ist viel schwerer zu erkennen und zu entdecken als die von Goethe gefundene Blatt-Metamorphose an der Einzelblüte. Darum suchten wir uns ihr auf diesen Blütenspaziergängen zu nähern.

In der eigenen Seele erscheinen beide Seiten grundverschieden, und doch fordern sie sich im Wachen und Schlafen gegenseitig und kommen im Zeitenrhythmus zum Ausgleich. Es besteht aber hierin ein bedeutsamer Unterschied zwischen Mensch und Pflanze. Bei dieser geschieht die Vermittlung schon im räumlichen Miteinander! Und zwar – wieder als ein weiteres offenbares Geheimnis sichtbar vor uns – in der großen Gruppe der Zweikeimblättler, der Dicotyledonen. Sie sind formenreicher als alle Mono- und Polycotyledonen zusammen. Wir finden unter ihnen sowohl Blumen wie Sträucher und Bäume. Auch hier häufen die Bäume meist ihre winzig bleibenden, oft unscheinbaren Blütchen – wenn auch nicht so hartholzig – zu dichtgedrängten Blütenständen zusammen: zu den Kätzchen der Pappeln, Weiden, Birken, Haseln, Buchen und Eichen (Amentiflorae-Kätzchenblüher). Die meisten großäugigen Blüten der Zweikeimblättler hinwiederum öffnen sich an den kleinen, oft krautigen Formen, den Glockenblumen, Enzianen, Anemonen und Schlüsselblumen. Manche Gruppen öffnen tiergesichtige Blüten: die Schmetterlingsblütler, Lippenblütler, Rachenblütler etc. In Überfülle werden alle Variationen vorgelebt, wobei die Rosensträucher ein hohes Ebenmaß der Einzelblüte erreichen.

Aber auch die Überblüte findet unter den Dicotyledonen ihre Vollendung. Was sich in den einzelblütenstarken Einkeimblättlern und pseudanthienstarken Bäumen als spannungsreiche Polung, als der große Gegensatz im Reich der höheren Pflanzen behauptet, es gelangt zur gesteigerten Lösung im Bereich der blumenfarbigen Überblüten, wie wir sie hauptsächlich betrachtet haben. Die evolutiv hochstehendste und zugleich artenreichste Pflanzenfamilie, die der Korbblütler, erreicht das vollendete Gestaltmaß. Die einzelne Blüte bleibt dabei klein, die Gesamtblüte aber

Abb. 58: Vor dem Kibo, der Gipfelpyramide des Kilimandscharo in Ostafrika, wächst links Senecio johnstoni, ein baumartiger Korbblütler; rechts die 1 bis 2 Meter hohe Lobelia deckeni, ein Glockenblumengewächs.

findet trotzdem zur vollen Farbgebärde. Vielfach sind die Randblütchen seitensymmetrisch gebaut (Margerite), ja bei der Unterfamilie der Zungenblütler sogar alle Einzelblütchen (Löwenzahn), aber immer ordnen sie sich zum Strahlenkranz der vollkommenen Gemeinsamkeit.

Es bleibt die Frage, warum die Korbblütler mit den kompaktesten Gesamtblüten nicht auch soviel Aufbaukraft besitzen, daß sie sich zu Bäumen auftürmen. Warum eigentlich nicht? Rudolf Steiner charakterisiert sie einmal als »zu schnell aufgeschossene Bäume« (1919), die dadurch klein bleiben. So aber gelangen ihre Überblüten wiederum zur vollen Farbenschönheit. Hier schließen sich die beiden Seelenseiten der Blütenwelt nicht mehr gegenseitig aus. Unseren menschlichsten Konflikt zwischen freier Individualität und selbstloser Hingabe an die Gemeinschaft, ihn lösen die farbigen Gesamtblüten vor unseren Augen um uns her, wiewohl unbewußt, jedes Jahr aufs neue. Ihr Geheimnis ist so offenbar, wie wir uns selbst sind.

Ihr Geheimnis verraten die Korbblütler auf den höchsten Bergen der tropischen Erde. Gerbert Grohmann brachte einmal die Vegetationszonen des Erdballes in das Bild zweier gewaltiger Berge, die sich am Äquator mit ihren Basen berühren und deren Schneegipfel die beiden Pole der Erde bilden. Dazwischen spannen sich die subtropischen, gemäßigten und polnahen Vegetationsgürtel ähnlich der Höhenzonierung der Berge aus. Afrika besitzt am Äquator seine größten Inselberge, den Mount Kenia und Elgon, den Ruwenzori und Meru. Der Kilimandscharo als der höchste erhebt sich unvermittelt aus der glühend-brütenden Savannenlandschaft in einem Zuge durch alle Vegetationsstufen bis in die abgeklärte Gipfelregion seiner ewigen Gletscher auf etwa 6000 Meter Höhe. Er ist hier am Äquator die Wiederholung einer gesamten Erdhälfte im kleinen, wie eine Essenz des Ganzen: eine Mikro-Gäa. Er und seine Geschwisterberge tragen in der obersten Vegetationszone um 4000 Meter Höhe eine besondere Hochgebirgsvegetation. Es erscheinen riesenhafte, bis 8 Meter hohe Korbblütler, die Riesensenecien. Diese Baumgestalten tragen über ihren schopfartigen Blattkrausen die leuchtend gelben Blütenkörbe in zusätzlich reich verzweigten steilen Blütenständen. Sie sind vollkommener Ausdruck ihrer Berglandschaft. In ihren Blütengestalten kommt die Erdseele wie zu sich selbst.

Literatur

Folgende Liste dient der Anregung zum Selbststudium, dem Nachweis benutzter Quellen und dem Hinweis auf historische Quellen. Viele sind allerdings zu speziell, um dem Anfänger die oft gesuchte Hilfestellung zu geben. Zu empfehlen sind hierfür zuerst Goethes »Metamorphose der Pflanzen« und Grohmanns »Metamorphosen im Pflanzenreich«.

Bockemühl, Jochen, Der Pflanzentypus als Bewegungsgestalt. Gesichtspunkte im Studium der Blattmetamorphosen. Elemente der Naturwissenschaft, H. 1, S. 3–11. Dornach 1964. Wiederabdruck in Schad, W. (Hrsg.): Goetheanistische Naturwissenschaft Bd. 2: Botanik. Stuttgart 1982.

– Äußerungen des Zeitleibes in den Bildebewegungen der Pflanzen. Elemente der Naturwissenschaft, H. 7, S. 25–30. Dornach 1967. Wiederabdruck in wie oben.

– Staubblatt und Fruchtblatt. Elemente der Naturwissenschaft, Nr. 13, S. 12 bis 24. Dornach 1970. Wiederabdruck in wie oben.

Bühler, Walther, Hat die Pflanze eine Seele? Privater Manuskriptdruck. Paracelsushaus Unterlengenhardt/Bad Liebenzell o. J.

Bünsow, Robert, Die Bedeutung des Blühimpulses für die Metamorphose der Pflanze. Elemente der Naturwissenschaft, H. 5, S. 1–10. Dornach 1966. Wiederabdruck in Schad, W. (Hrsg.): Goetheanistische Naturwissenschaft Bd. 2: Botanik. Stuttgart 1982.

Cohn, Ferdinand, Die Pflanze. Bd. 2, S. 329–330. 2. Aufl. Breslau 1897.

Darwin, Charles, Über die Entstehung der Arten durch natürliche Zuchtwahl. Reclam Nr. 3071/80. Stuttgart.

– Insectivorous Plants. London 1875. Deutsch: Stuttgart 1876.

Delpino, F., Contribuzione alla teoria della pseudanzia. Malpighia 4. 1890.

Fechner, Gustav, Nanna oder über das Seelenleben der Pflanzen. Leipzig 1848.

Fortlage, Carl, Acht psychologische Vorträge. 1. Vortrag: Über die Natur der Seele. S. 30–37. Jena 1869.

Francé, Raoul, Das Leben der Pflanze. Bd. 2, S. 406 ff. Stuttgart 1907.

Frank, C. A.: Untersuchungen über die Farben der Blüten. Tübingen 1825.

Fuhlrott, K., Jussieu's und de Candolle's natürliche Pflanzensysteme. Bonn 1829.

Göbel, Thomas, Die Metamorphose der Blüte. Die Drei, Jg. 41, H. 3, S. 126 bis 138. Stuttgart 1971. Wiederabdruck in Schad, W. (Hrsg.): Goetheanistische Naturwissenschaft Bd. 2: Botanik. Stuttgart 1982.

– Die Lebensprozesse der Pflanze. II. Der Wachstumsprozeß. Beiträge zu einer Erweiterung der Heilkunst, Jg. 27, H. 1, 2, 5 und Jg. 28, H. 2, Stuttgart 1974/75.

Goethe, Johann Wolfgang, Italienische Reise, dtv-Ausgabe, Bd. 25, S. 51 und 238. München 1962.

– Die Metamorphose der Pflanzen (1790). dtv-Ausgabe, Bd. 39. München 1963.

– Briefentwurf an Christian Gottfried Nees von Esenbeck (August 1816). Weimarer Sophienausgabe, Abt. IV, Bd. 27, S. 144.

– Geschichte meines botanischen Studiums (Fassung 1817). Siehe auch Brief an Carl Friedrich Zelter (7. 11. 1816).

Goetze, G., Die Bienen sind noch nützlicher als wir wußten. Deutscher Imkerführer, Bd. 41, S. 125/126, Dezember 1942.

Grohmann, Gerbert, Metamorphosen im Pflanzenreich. Stuttgart 1958.

– Die Pflanze. Bd. 1, Kapitel: Vom Tiefland zum ewigen Schnee. Bd. 2, Kapitel: Korbblütler. Stuttgart 1959 und 1968.

Grossarth-Maticek, R., Krebsforschung – Risikofaktor Seele. Bild der Wissenschaft, Jg. 13, H. 6, S. 61, Stuttgart 1976.

Gut, Bernardo, Vorarbeiten zu einer Physiognomik der Pflanzen. Elemente der Naturwissenschaft, Nr. 16, S. 1–16. Dornach 1972.

Hansen, Adolph, Goethes Metamorphose der Pflanzen. Textband und Bildtafelmappe. Gießen 1907.

Hautmann, Friedrich, Über die Nektarhefe Anthomyces Reukaufii. Archiv für Protistenkunde, Bd. 48, S. 213–244. Jena 1924.

Hegi, Gustav, Illustrierte Flora von Mitteleuropa. 7 Bände. München 1906 bis 1931.

Hildebrand, Friedrich: Die Farben der Blüten. Leipzig 1879.

Jussieu, Antoine Laurent de, Genera plantarum secundum ordines naturales disposita. Paris 1789.

Kranich, Ernst-Michael, Das Bild in der Naturkunde. Erziehungskunst, Jg. 34, H. 4, S. 125–131 und H. 5, S. 172–179. Stuttgart 1970.

Kühn, Wolfgang, Grünewalds Isenheimer Altar als Darstellung mittelalterlicher Heilkräuter. Kosmos, Jg. 40, H. 12, S. 327–333. Stuttgart 1948.

Kunze, H., Beiträge zur Biologie der Pflanzen, Bd. 46, S. 97–154, 1969.

Link, Heinrich Friedrich, Elementa philosophiae botanicae. Berlin 1824.

Linné, Carl von, Lappländische Reise (1732). Insel-Taschenbuch Nr. 102. Frankfurt/Main 1964.

– Systema naturae. Stockholm 1735.

– Metamorphosis plantarum. Uppsala 1755.

Mändl, Hans, Goethes Beziehungen zu Schweden. Die Drei, Jg. 39, H. 4, S. 225–235. Stuttgart 1969.

Mattfeld, J., Das morphologische Wesen und die phylogenetische Bedeutung der Blumenblätter. Berichte der deutschen botanischen Gesellschaft, Bd. 56, H. 2. 1938.

Müller, Fritz, Bemerkungen zu Hildebrands Abhandlungen über die Lebensdauer. Englers botanisches Jahrbuch II. 1882.
Müller, Hermann, Die Befruchtung der Blumen durch Insekten und die gegenseitige Anpassung beider. Ein Beitrag des ursächlichen Zusammenhanges in der organischen Natur. Leipzig 1873.

Nietzsche, Friedrich, Jenseits von Gut und Böse. S. 95. Leipzig 1901.

Portmann, Adolf, Neue Wege der Biologie. S. 149. München 1960.
– Entläßt die Natur den Menschen? S. 35. München 1970.

Schad, Wolfgang, Biologisches Denken. Elemente der Naturwissenschaft, H. 5, S. 10–19. Dornach 1966. Wiederabdruck in: Goetheanistische Naturwissenschaft. Bd. 1: Allgemeine Biologie. Stuttgart 1982.
– Niedermoor und Hochmoor. Ein goetheanistischer Ansatz zur Landschaftskunde. Elemente der Naturwissenschaft Nr. 21, S. 22–40. Dornach 1974. Wiederabdruck in Goetheanistische Naturwissenschaft Bd. 2: Botanik. Stuttgart 1982.
– Zur Biologie der Gestalt der mitteleuropäischen buchenverwandten Bäume (Fagales). Elemente der Naturwissenschaft, H. 7, S. 11–24. Dornach 1967. Wiederabdruck in: Goetheanistische Naturwissenschaft Bd. 2: Botanik. Stuttgart 1982.
– Säugetiere und Mensch. S. 115. Stuttgart 1971.
– Vom Geist in der Natur – Lebenskreis und Lebensumkreis des Mondhornkäfers. In Endlich, Br. (Hrsg.): Der Organismus der Erde – Grundlagen einer neuen Ökologie. Stuttgart 1985.
Schmid, Günther, Goethe und die Naturwissenschaften – eine Bibliographie. S. 346. Halle/Saale 1940.
Schöffler, Heinz-Herbert, Kind im Wandel des Jahrhunderts. Kapitel: Temperament und Krankheit. Stuttgart 1971. Siehe auch: Bild der Wissenschaft, Jg. 8, H. 12, S. 1284, Stuttgart 1971; sowie Jg. 13, H. 6, S. 61, Stuttgart 1976.
Steiner, Rudolf, Die Geheimwissenschaft im Umriß (1910). Kapitel: Schlaf und Tod. S. 87–88. 27. Aufl. Dornach 1962.
– Der Geist im Pflanzenreich. Vortrag vom 8. 12. 1910 in Berlin. In: Die Antworten der Geisteswissenschaft auf die großen Fragen des Daseins. 6. Vortrag, S. 157–185. Dornach 1959.
– Erziehungskunst – Seminarbesprechungen und Lehrplanvorträge. Besprechung vom 1. 9. 1919. S. 121. Stuttgart 1959.
Strasburger, Eduard, Lehrbuch der Botanik. Stuttgart 1971.
Strauch, Inge, Methoden und Ergebnisse der Schlaf- und Traumforschung. Universitas, Jg. 28, H. 11, S. 1173–1182. Stuttgart 1973.
Suchantke, Andreas, Die Metamorphose bei Blütenpflanze und Schmetterling. Elemente der Naturwissenschaft, H. 4, S. 1–7. Dornach 1966. Wiederabdruck in Schad, W. (Hrsg.): Goetheanistische Naturwissenschaft Bd. 1: Allgemeine Biologie. Stuttgart 1982.
– Die Zeitgestalt der Pflanze. Erziehungskunst, Jg. 37, H. 6, S. 261–273 und H. 7/8, S. 305–320. Stuttgart 1973. Wiederabdruck in Schad, W.

– (Hrsg.): Goetheanistische Naturwissenschaft Bd. 2: Botanik. Stuttgart 1982.

Troll, Wilhelm, Organisation und Gestalt im Bereich der Blüte. Berlin 1928.

Venkata Rao, C., Anatomy of the inflorescence of some Euphorbiaceae. Botaniska Notiser Vol. 124, S. 40 ff. 1971.

Voigt, Friedrich Sigmund, in: Richard, Louis Claude Marie: Analyse der Frucht und des Samenkornes... S. 59. Leipzig 1811.
– Die Farben der organischen Körper. S. 57–59. Jena 1816.

Walburga, Schwester, Das Pseudanthium und sein Verhältnis zum Euanthium, mit Berücksichtigung der sogenannten Pseudanthien-Theorien. Unveröffentlichte Examensarbeit (Bibliothek des Botanischen Museums Berlin-Dahlem) 1961.

Warburg, Otto, Die Pflanzenwelt, 3 Bände. Leipzig 1923–1926.

Wigand, Albert, Kritik und Geschichte der Lehre von der Metamorphose der Pflanze. Leipzig 1846.

Wohlbold, Hans, Die Farben der Pflanzen. Die Drei, Jg. 3, S. 936–950. Stuttgart 1924.

Bildnachweis

Angaben nach Abbildungsnummern im Text.

J. Bockemühl 2, 3 a, 3 b.
J. Janßen
W. Schad 4, 6, 10, 15, 16, 17, 19, 20, 21, 22, 24, 25, 27, 31, 37 abc, 41, 43, 44, 45, 46, 47 a–d, 52 ab, 56, 57 ab, 58.
H. Schafran 18 b, 26, 30, 53.
E. Schweppenhäuser 13, 42, 48.
M. Seitz 55.
A. Suchantke 7, 8, 9, 33.
S. Wolff 11, 14, 18 a, 23, 28, 29, 32, 34, 35, 36 ab, 38, 39, 44, 49.

Register der Pflanzennamen

Ehrenfried Pfeiffer

Die Fruchtbarkeit der Erde

Ihre Erhaltung und Erneuerung

6. Auflage, 335 Seiten, mit zahlreichen Abbildungen, gebunden (Rudolf Geering-Verlag)

Wilhelm Pelikan

Heilpflanzenkunde

Der Mensch und die Heilpflanze

Eingehende Darstellung der therapeutischen Wirkensbereiche von rund 400 Heilpflanzen, mit zahlreichen Pflanzenzeichnungen von Walther Roggenkamp

Band I

Aus dem Inhalt: Urbeziehung zwischen Pflanze und Mensch – Auflösung und Verhärtung im Pflanzenprozess – Von den Pflanzendüften und wovon sie Ausdruck sind – Milchsaftbildung in der Pflanzenwelt – Vom Wesen der Pflanzengifte – Pflanzen wässriger Stauung – Pflanzen übermässiger Salzprozesse – Heilsame Bitterkräuter.

4. Auflage, 376 Seiten, Leinen

Band II

Aus dem Inhalt: Pflanzen aus dem niederen und dem höheren Pflanzenreich – Blüteprozesse am Wurzelbereich – Beherrscher tropischer Wärmeprozesse – Von der Kulturmission einzelner Pflanzen – Pflanzenwesensbilder und therapeutische Phantasie – Nachweis von Bildekräften im Tierischen und Pflanzlichen – Pflanzensäuren – Schleim- und Faserbildung – Vom ölbildenden Prozess im Pflanzenreich.

2. Auflage, 254 Seiten, Leinen

Band III

Aus dem Inhalt: Wie erlebt man Elementarwesen? – Seelenübungen zum Erleben der Elementarwesen: Gnomen, Undinen, Sylphen, Salamander – Die Mistel-Gewächse in der modernen Botanik – Mistel – Orchideen – Baldrian – Ananas – Ingwer – Lilienartige Gewächse – Nessel-Gewächse – Hanf – Mohnartige Gewächse – Würzpflanzen – Rosskastanie – Ulme.

260 Seiten, Leinen

Philosophisch-Anthroposophischer Verlag, Goetheanum   CH-4143 Dornach

Perspektiven der Anthroposophie

Der anthroposophische Weg

Kurt E. Becker
Anthroposophie – Revolution von innen
Leitlinien im Denken Rudolf Steiners
Band 3336
Der Band zeigt Leitlinien im Denken Rudolf Steiners auf: daß Denken Handeln ist, ein Tun, das in einem wechselwirkenden Prozeß an der Wirklichkeit sich entfaltet, ein Werden, das dem Individuum in einer steten, sich und die Welt in jeweils gleichem Maße einbeziehenden Erfahrung die Einsicht in die Einheit des Universums vermittelt.

Rudolf Steiner:
Der anthroposophische Weg
Herausgegeben von Kurt E. Becker/Friedrich Hiebel/
Hans-Peter Schreiner
Band 5504
Das Buch beantwortet die Fragen: Was ist der Mensch? Woher kommt er? Wohin geht er? Was bedeutet »Karma«? Was »Reinkarnation«? Welche Position hat diese Sicht vom Menschen im abendländischen Denken?

Walter Abendroth
Rudolf Steiner und die heutige Welt
Ein Beitrag zur Diskussion um die menschliche Zukunft
Band 5513
»An Hand einer scharfen Analyse der modernen Massengesellschaft wird der Wert von Steiners Sicht des Menschen als ganzheitlichen Wesens hervorgehoben und als Ausweg der heutigen Situation erkannt.«
Hannoversche Allgemeine Zeitung

Fischer Taschenbuch Verlag

Perspektiven der Anthroposophie

Der anthroposophische Weg

**Rudolf Steiner –
Praktizierte Anthroposophie**
Beiträge für ein humaneres Leben
Herausgegeben von Kurt E. Becker
und Hans-Peter Schreiner
Band 5534

Daß Anthroposophie mehr ist als geistige Erbauung in esoterischen Zirkeln, daß sie eng mit der Lebenspraxis verbunden ist, macht ihre zunehmende Anziehungskraft auf so viele Menschen aus. »Praktizierte« Anthroposophie heißt deshalb heute nicht allein, übersinnliches Schauen zu erlernen, mit Steiners Geisteswissenschaft Eingang in höhere Welten zu finden, es heißt vor allem auch, anthroposophische Erkenntnis auf den Alltag zu übertragen.

»Die Anthroposophie will praktisch verstanden werden und nicht als das ›utopisch-mystische Schwärmen unpraktischer Leute‹.« *Rudolf Steiner, 1924*

Anthroposophie heute
Herausgegeben von Kurt E. Becker
und Hans-Peter Schreiner
Band 5535

Dieses Buch gibt Aufschluß darüber, welches heute die meßbaren Ergebnisse der Anthroposophie sind, es erörtert, was in der Zukunft möglich erscheint, und es beschäftigt sich mit der Frage, welche ganzheitliche »Alternative« die Anthroposophie dem Menschen von heute bietet.

Fischer Taschenbuch Verlag

Perspektiven der Anthroposophie

Botanik

Ehrenfried Pfeiffer/Erika Riese
Der erfreuliche Pflanzgarten
Anleitung zur Gartenpflege nach der biologisch-
dynamischen Wirtschaftsweise
Band 5512
Für die praktischen Bedürfnisse des Selbstversorgers und
Hobbygärtners geschrieben, hat sich diese erste Anleitung für
biologisch-dynamischen Anbau seit der Überlebenszeit des
Zweiten Weltkriegs jahrzehntelang bewährt.

Ernst Michael Kranich
Die Formensprache der Pflanze
Grundlinien einer kosmologischen Botanik
Band 5536
Die heutige Botanik bewegt sich zwischen den Extremen einer
nur klassifizierenden Betrachtungsweise und der die biochemi-
schen Vorgänge erforschenden Pflanzenphysiologie. Dagegen
wird hier wieder die **Gestalt** der Pflanze in das Blickfeld
gerückt. Längst bekannte Tatsachen wie etwa die Abhängigkeit des Pflanzenwuchses von den Mondstellungen erhalten
hier ihre exakte, aber auch neue Formen der Anschauung
erfordernde Begründung.

Fischer Taschenbuch Verlag